DEN ULTIMATIVE BOG AF PINTSOS

Oplev den baskiske tapeo-tradition gennem 100 små bidder

CHRIS KELLER

Copyright materiale ©2023

Alle rettigheder forbeholdes

Ingen del af denne bog må bruges eller transmitteres i nogen form elle på nogen måde uden korrekt skriftligt samtykke fra udgiveren og copyright-indehaveren, bortset fra korte citater brugt i en anmeldelse. Denne bog bør ikke betragtes som en erstatning for medicinsk, juridisk eller anden professionel rådgivning.

INDHOLDSFORTEGNELSE

INDHOLDSFORTEGNELSE 3
INTRODUKTION 6
KOLDE PINTXOS 7
  1. SPANSKE GILDA 8
  2. TUNFYLDTE PIQUILLO PEPPER PINTXO 10
  3. RØGET LAKS & FLØDEOST PINTXO 12
  4. SPANSK TORTILLA PINTXO 14
  5. OLIVEN- OG FETAKUGLER 16
  6. MARINERET ANSJOS (BOQUERONES EN VINAGRE) 18
  7. GEDEOST OG KARAMELLISERET LØG PINTXO 20
  8. BACON JALAPEÑO KUGLER 22
  9. KARRY TUNKUGLER 24
  10. SALTET KARAMEL OG BRIEKUGLER 26
  11. KAVIAR HJERTEKYS 28
  12. BACON AHORN PANDEKAGEKUGLER 30
  13. CHEESE TORTELLINISPYD 32
  14. AVOCADO PROSCIUTTO KUGLER 34
  15. ANSJOS OG OLIVEN PINTXOS 36
VARME PINTXOS 38
  16. GAMBAS AL AJILLO PINTXO 39
  17. BACONINDPAKKEDE DADLER 41
  18. GRILLET CALAMARI PINTXO 43
  19. SKINKEKROKETTER 45
  20. FLÆSKEKUGLER 47
  21. COCKTAILFEST FRIKADELLER 49
  22. GRILLEDE FRIKADELLER 51
  23. BACON INDPAKKEDE FRIKADELLER 53
  24. BRASILIANSKE LØGBIDER 55
  25. KRANBÆR OG CHILI FRIKADELLER S 57
  26. LAKSE & AVOCADOBID 59
  27. MANCHEGO TORTAS MED CHORIZO 61
  28. HONEY BALSAMICO FRIKADELLER 63
  29. TUN OG AVOCADO PINTXO 65
  30. GRILLEDE REJER PINTXO 67
  31. GRILLBØFFER 69
  32. BBQ KIELBASA 71
  33. MOUSSERENDE TRANEBÆR- OG BRIEBID 73
  34. FIGNER MED BACON OG CHILE 75
  35. SPANSKE SVINESPYD - PINCHOS MORUNOS 77
  36. RISTEDE ASPARGES PAKKET IND I SKINKE 79
  37. KARTOFFELSPINATKUGLER 81
MONTADITOS 83
  38. TOMAT OG BASILIKUM MONTADITO 84
  39. SVAMPE- OG GEDEOST MONTADITO 86

40. Røget laks og flødeost Montadito 8
41. Zucchini og laksecrostini 9
42. Ricotta og fersken Crostini 9
43. Stracchino bruschetta 9
44. Pære, honning og pecan Crostini 9
45. Valnød, Fig og Prosciutto Crostini 9
46. Salami og Brie Crostini 10
47. Chorizo og Manchego Montadito 10
48. Salami og Artiskok Crostini 10
49. Basilikum og Gorgonzola Crostini 10
50. Ristet rød peber Crostini 10
51. Crostini alla Carnevale 11
52. Butternut Crostini med Açaí Drizzle 11
53. Gedeost og hvidløg Crostini 11
54. Kikærtesalat Crostini 11
55. Crostini alla porcini 11
56. Crostini med cannellini bønner 12
57. Andelevercrostini med agurkesalat 12
58. Party polenta crostini 12
59. Pære, endive og brøndkarse crostini 12
60. Bruschetta fra en oliven 12
61. Kiwi, jordbær og blå ost Bruschetta 13
62. Grillet ost bruschetta 13
63. Bruschetta med mascarpone og hindbær 13
64. Grillet fiskesalat på bruschetta 13
65. Brændt tomat Crostini 14
66. Robiola bruschetta med hvid trøffelolie 14
67. Squash og Portobello bruschetta 14
68. Skalotteløg bruschetta 14
69. Chard bruschetta 14
70. Tun Bruschetta 15
71. Roer og Rucola Crostini 15
72. Vilde svampe bruschetta 15
73. Kyllingelever, salvie og stegt løg bruschetta 15
74. Svinemørbrad Crostini med æble og kål 15
75. Peberfrugt bruschetta 16
76. Gratineret aubergine bruschetta 16
77. Grillet radicchio salat med hvide bønne bruschetta 16

VEGETARISK PINTXOS 16

78. Gazpacho Shots 16
79. Svampe og Manchego Pintxos 17
80. Fyldte Svampe 17
81. Fyldte Kirsebærpeber 17
82. Urtespyd med oliven og artiskok 17
83. Spinat og feta fyldte svampe 17
84. Capresespyd 18

85. Brændt rød peber og gedeostbid 183
86. Fyldte Kirsebærpeber 185
87. Agurk- og Hummusbid 187
88. Avocado og Mango Salsa Tostadas 189
89. Fyldte Svampe med Pesto og Pinjekerner 191
SØD PINTXOS **193**
   90. Kirsebær- og gedeost Pintxos 194
   91. Chokolade og banan Pintxos 196
   92. Karameliseret æble og Brie Pintxos 198
   93. Hindbær dessert bruschetta 200
   94. Jordbær og Nutella Pintxos 202
   95. Mandel- og honningyoghurt Pintxos 204
   96. Kanel æble og flødeost Pintxos 206
   97. Ricotta og Figen Jam Pintxos 208
   98. Peach and Prosciutto Pintxos 210
   99. Kokos og ananas Pintxos 212
   100. Mango og Chili Lime Pintxos 214
KONKLUSION **216**

INTRODUKTION

Velkommen til DEN ULTIMATIVE BOG AF PINTSOS, et gastronomisk eventyr, der inviterer dig til at dykke ned i den baskiske kulturs rige gobelin gennem linsen af 100 udsøgte små bidder. I denne kollektion låser vi op for hemmelighederne bag den baskiske tapeo-tradition, og guider dig gennem en rejse af smag, der fanger essensen af denne unikke kulinariske arv.

Pintxos, disse dejlige bidder af fornøjelse, er mere end bare mad; de er en fejring af fællesskabet, samtalen og den pulserende ånd i Baskerlandet. Når du går i gang med denne kulinariske udforskning, skal du forberede dig på at blive transporteret til de livlige pintxos-barer i San Sebastián og Bilbao, hvor hver bid fortæller en historie, og hver sammenkomst er et vidnesbyrd om regionens passion for god mad og godt selskab.

Oplev kunsten at lave disse små mesterværker, hvor enkelhed møder sofistikering. Fra de friskeste fisk og skaldyr til de mest smagfulde lokale ingredienser, hver pintxo er et vidnesbyrd om den baskiske forpligtelse til kvalitet og tradition. Uanset om du er en erfaren kok eller en hjemmekok med en forkærlighed for kulinariske opdagelser, er vores opskrifter designet til at guide dig gennem processen, hvilket gør den baskiske Tapeo-oplevelse tilgængelig i dit eget køkken.

Så tag med os på denne smagfulde rejse, mens vi afslører hemmelighederne bag de ultimative pintxos, og inviterer dig til at genskabe magien i den baskiske tapeo-tradition i komfort i dit hjem. Må hver bid transportere dig til de travle gader i baskiske byer, hvor dufterne er indbydende, smagene er dristige, og glæden ved at dele små bid bliver en uforglemmelig oplevelse.

KOLDE PINTXOS

1.Spanske Gilda

INGREDIENSER:
- 1 lille syltet cornichon eller en lille portion af din foretrukne pickle
- 2 guindilla syltede peberfrugter
- 1 udstenet grøn oliven
- 1 saltet ansjosfilet

INSTRUKTIONER:
a) Dræn oliven og pickles, og fjern stilken fra guindillaerne. Hvis cornichonerne er for store til en enkelt bid, så overvej at skære dem i halve.
b) Start med at stikke cornichonen på en tandstik.
c) Følg derefter ved at stikke den ene ende af ansjosfileten på spyd, og tilsæt derefter guindillapeberne.
d) Stik den anden ende af ansjosfileten på spyd, og sørg for, at den er trådt gennem peberfrugterne.
e) Fuldend spyddet ved at tilføje oliven ovenpå, og dryp derefter spyddene med en smule ekstra jomfruolivenolie.

2.Tun-fyldte Piquillo Pepper Pintxo

INGREDIENSER:
- 1 krukke Piquillo peberfrugt
- 1 dåse (5 ounce) tun, drænet
- 1/4 kop mayonnaise
- 1 spsk kapers, hakket
- 1 spsk rødløg, finthakket
- 1 spsk frisk persille, finthakket
- Salt og peber efter smag
- Tandstikker til at sikre peberfrugterne

INSTRUKTIONER:
a) Dræn piquillo-peberne og læg dem fladt på en ren overflade.
b) I en skål kombineres den drænede tun, mayonnaise, hakkede kapers, rødløg og persille. Bland godt for at sikre, at alle ingredienser er jævnt fordelt.
c) Krydr tunblandingen med salt og peber efter smag. Juster krydderierne efter dine præferencer.
d) Fyld forsigtigt hver Piquillo-peber med tunblandingen, og sørg for, at de er godt fyldte, men ikke overfyldte.
e) Fastgør de fyldte peberfrugter med tandstikker, og læg tandstikkeren gennem sømmen på peberfrugten for at holde den lukket.
f) Anret de fyldte Piquillo-peberfrugter på et serveringsfad.
g) Pynt eventuelt med ekstra hakket persille for et frisk touch.
h) Server disse dejlige tunfyldte piquillo-peberfrugter som en smagfuld pintxo ved din næste sammenkomst. De kan nydes ved stuetemperatur eller afkølede, hvilket gør dem til en alsidig og elegant forret.

3.Røget laks & flødeost Pintxo

INGREDIENSER:
- 1 baguette
- 1 pund koldrøget laks (Nova lox) (450 gram)
- 1 pund flødeost (450 gram)
- 1 citron, skåret i tynde skiver
- ½ kop friske persilleblade til pynt

INSTRUKTIONER:
a) Forvarm din ovn til 375°F (160°C). Skær baguetten i ⅓-tommer tykke stykker og anbring dem på en bageplade. Bages i 6-8 minutter eller indtil let ristet. Stil til side til afkøling.
b) Fordel generøst flødeost på hver skive baguette. Skær lakseskiverne eller laksefileten i stykker, der passer til brødskivernes størrelse, og læg dem ovenpå flødeosten.
c) Server pintxos, pyntet med et par friske persilleblade og en tynd skive citron.

4.Spansk Tortilla Pintxo

INGREDIENSER:
- 4 store æg
- 4 mellemstore kartofler, skrællet og skåret i tynde skiver
- 1 løg, finthakket
- Salt og peber efter smag
- 1/2 kop olivenolie
- Frisk persille, hakket (til pynt)

INSTRUKTIONER:
a) Opvarm olivenolien i en slip-let pande ved middel varme. Tilsæt de skivede kartofler og hakket løg. Kog under omrøring af og til, indtil kartoflerne er møre, men ikke brunede. Dette bør tage omkring 10 minutter.
b) Mens kartoflerne og løgene koger, piskes æggene i en skål. Smag til med salt og peber.
c) Når kartoflerne er møre, dræner du overskydende olie og overfører dem til de sammenpiskede æg. Bland godt, og sørg for, at kartoflerne er jævnt dækket.
d) Tilsæt eventuelt lidt mere olie i samme stegepande og hæld æg- og kartoffelblandingen i. Kog over medium varme, løft kanterne for at lade eventuelle ukogte æg flyde nedenunder. Fortsæt indtil tortillaen er for det meste sat.
e) Nu kommer den vanskelige del. Placer en stor tallerken over stegepanden, vend tortillaen på pladen, og skub den derefter tilbage i stegepanden for at stege den anden side. Dette hjælper med at opnå et gyldent ydre.
f) Kog indtil tortillaen er stivnet og gyldenbrun på begge sider. Tag den af panden og lad den køle lidt af.
g) Når den er afkølet skæres tortillaen i mundrette firkanter.
h) Pynt med hakket frisk persille og server som en dejlig spansk tortilla pintxo.

5.Oliven og fetakugler

INGREDIENSER:
- 2 ounce (¼ kop) flødeost
- ¼ kop (2 ounce) fetaost
- 12 store kalamata-oliven, udstenede
- ⅛ tsk finthakket frisk timian
- ⅛ tsk frisk citronskal

INSTRUKTIONER:
a) I en lille foodprocessor, forarbejde alle ingredienser, indtil de danner en grov dej, cirka 30 sekunder.
b) Skrab blandingen og overfør til en lille skål, og stil den derefter på køl i 2 timer.
c) Form til 6 kugler ved hjælp af en ske.
d) Server med det samme eller stil i køleskabet i op til 3 dage.

6.Marinerede ansjoser (Boquerones en Vinagre)

INGREDIENSER:
- 2 lbs friske ansjoser (900 g)
- 5 fed hvidløg
- 1 kop ekstra jomfru olivenolie (240 ml)
- 2 kopper hvidvinseddike (+ ¾ kop vand) (480 ml eddike og 175 ml vand)
- 5 kviste persille
- Salt efter smag

INSTRUKTIONER:
a) Begynd med at rense ansjoserne. Hvis din fiskehandler ikke allerede har gjort det, skal du fjerne hovedet, indmaden og rygraden fra ansjoserne og derefter skære dem i fileter.
b) Skyl ansjosfileterne i koldt vand og dup dem tørre med køkkenrulle. Arranger dem fladt i en glasbageform.
c) Stil de friske ansjoser i fryseren i tre timer for at beskytte mod anisakis. I Spanien er det en almindelig praksis at fryse fisk før tilberedning. Hvis ansjoserne allerede var frosne, da de blev købt, skal du springe dette trin over.
d) Når du har fjernet ansjoserne fra fryseren, kombinerer du eddike og vand, og sørg for, at alle ansjoser er helt nedsænket. Dæk fadet tæt med plastfolie og lad ansjoserne marinere i køleskabet i 2-3 timer, indtil de bliver hvide. Undgå overmarinering for at forhindre sejhed.
e) Når det er marineret, drænes eddike og vand væk.
f) Hak hvidløg og persille fint, og drys dem derefter over ansjoserne.
g) Hæld olivenolien over ansjoserne i bageformen, indtil de er helt dækket. For optimal smag, lad ansjoserne marinere med hvidløg og olivenolie natten over, men du kan også nyde dem med det samme.
h) Nyd boquerones en vinagre alene eller sammen med lækkert brød.

7.Gedeost og karamelliseret løg Pintxo

INGREDIENSER:
- 1 spsk olivenolie
- 1 stort tyndt skåret løg
- Knivspids salt
- ½ spsk brun farin
- ½ spiseskefuld sherryeddike (balsamico virker også)
- 12 skiver ½ tomme tyk fransk baguette
- 1 pakke (4 oz) chevre gedeost
- Valgfrit: 2 kviste frisk rosmarin
- Valgfrit: Tandstikker/spyd

INSTRUKTIONER:
a) Varm en stor stegepande op over medium-høj varme og tilsæt olivenolie. Når de er opvarmet, røres løgene i og koges i 10 minutter under jævnlig omrøring.
b) Reducer varmen til medium-lav og tilsæt salt, sukker og eddike. Kog i cirka 30 minutter, omrør hvert 4.-5. minut, indtil løgene er dybbrune, søde og bløde. Hvis du lader løgene karamellisere, tilsæt et skvæt vand for at forhindre, at de brænder på. Lad dem køle af i mindst 10 minutter.
c) Forvarm i mellemtiden ovnen til 325°F (160°C). Arranger baguetteskiver på en bageplade og bag dem i 6-8 minutter, eller indtil de er let ristede.
d) Til pintxos toppes hver brødskive med en dynget teskefuld løg og en dynget teskefuld eller stor skive (afhængigt af type) gedeost. Pynt med rosmarinblade og server ved stuetemperatur.

8.Bacon jalapeño kugler

INGREDIENSER:
- 5 skiver bacon uden tilsat sukker, kogt, fedt reserveret
- ¼ kop plus 2 spiseskefulde (3 ounce) flødeost
- 2 spsk reserveret baconfedt
- 1 tsk frøet og finthakket jalapeñopeber
- 1 spsk finthakket koriander

INSTRUKTIONER:
a) Hak bacon i små krummer på et skærebræt.
b) I en lille skål kombineres flødeost, baconfedt, jalapeño og koriander; bland godt med en gaffel.
c) Form blandingen til 6 kugler.
d) Læg baconsmuldre på en mellemstor tallerken og rul individuelle kugler igennem, så de bliver jævnt.
e) Server med det samme eller stil i køleskabet i op til 3 dage.

9.Karry tunkugler

INGREDIENSER:
- ¼ kop plus 2 spiseskefulde (3 ounce) tun i olie, drænet
- 2 ounce (¼ kop) flødeost
- ¼ tsk karrypulver, delt
- 2 spsk smuldrede macadamianødder

INSTRUKTIONER:

a) I en lille foodprocessor, forarbejde tun, flødeost og halvdelen af karrypulveret, indtil de danner en glat creme, cirka 30 sekunder.

b) Form blandingen til 6 kugler.

c) Læg smuldrede macadamianødder og det resterende karrypulver på en mellemstor tallerken og rul individuelle kugler igennem, så de bliver jævnt.

10.Saltet karamel og briekugler

INGREDIENSER:
- ½ kop (4 ounce) groft hakket Brie
- ¼ kop saltede macadamianødder
- ½ tsk karamel smag

INSTRUKTIONER:
a) I en lille foodprocessor, forarbejde alle ingredienser, indtil de danner en grov dej, cirka 30 sekunder.
b) Form blandingen til 6 kugler ved hjælp af en ske.
c) Server med det samme eller stil i køleskabet i op til 3 dage.

11.Kaviar hjertekys

INGREDIENSER:
- 1 Agurk, skrubbet og trimmet
- ⅓ kop creme fraiche
- 1 tsk Tørret dildukrudt
- Friskkværnet sort peber efter smag
- 1 krukke rød laksekaviar
- Friske dildkviste
- 8 tynde skiver fuldkornsbrød
- Smør eller margarine

INSTRUKTIONER:
a) Skær agurken i ¼-tommers runde skiver.
b) I en lille skål kombineres creme fraiche, tørret dild og peber.
c) Læg en teskefuld af cremefraicheblandingen på hver agurkeskive.
d) Pynt hver med ca. ½ tsk kaviar og en dildkvist.
e) Skær brødskiver med en hjerteformet kagedåse.
f) Toast og smør. Læg agurkeskiver i midten af serveringsfadet og omkrans det med toasthjerter.

12.Bacon ahorn pandekage kugler

INGREDIENSER:
- 5 skiver bacon uden tilsat sukker, kogt
- 4 ounces (½ kop) flødeost
- ½ tsk ahornsmag
- ¼ tsk salt
- 3 spsk knuste pekannødder

INSTRUKTIONER:
a) Hak bacon i små krummer på et skærebræt.
b) I en lille skål kombineres flødeost og baconsmulder med ahornsmag og salt; bland godt med en gaffel.
c) Form blandingen til 6 kugler.
d) Placer knuste pekannødder på en mellemstor tallerken og rul individuelle kugler igennem, så de bliver jævnt.
e) Server med det samme eller stil i køleskabet i op til 3 dage.

13. Cheese tortellinispyd

INGREDIENSER:
- 1 pakke (12 oz.) Ost Tortellini, kogt
- 1 kop cherrytomater
- 1 kop friske mozzarellakugler
- 1/4-pund salami, skåret i tynde skiver
- 1/4 kop friske basilikumblade
- Dash basamisk glasur
- 8 træspyd

INSTRUKTIONER:
a) Stik hvert emne på spyddet og skub det ned til bunden af spyddet.
b) Lige inden servering placeres spyddene på en tallerken og balsamicoglasuren dryppes over.

14. Avocado prosciutto kugler

INGREDIENSER:
- ½ kop macadamianødder
- ½ stor avocado skrællet og udstenet (ca. 4 ounce papirmasse)
- 1 ounce kogt prosciutto, smuldret
- ¼ tsk sort peber

INSTRUKTIONER:
a) Puls macadamianødder i en lille foodprocessor, indtil de er smuldret jævnt. Del i to.
b) I en lille skål kombineres avocado, halvdelen af macadamianødderne, prosciutto-crumbles og peber og blandes godt med en gaffel.
c) Form blandingen til 6 kugler.
d) Placer de resterende smuldrede macadamianødder på en mellemstor tallerken, og rul individuelle kugler igennem, så de bliver jævnt.
e) Server straks.

15.Ansjos og oliven Pintxos

INGREDIENSER:
- Ansjosfileter
- Grønne oliven, udstenede
- cherrytomater
- Basilikum blade
- Olivenolie

INSTRUKTIONER:
a) Tag en tandstik og tråd en ansjosfilet, en oliven, en cherrytomat og et basilikumblad.
b) Dryp med olivenolie inden servering.

HOT PINTXOS

16. Gambas al Ajillo Pintxo

INGREDIENSER:
- 36 store rejer, gerne hele med hoveder og skaller på, eller i hvert fald med intakte haler. Ingen bekymringer, hvis du ikke kan finde dem på denne måde!
- 5 fed hvidløg
- 6 spiseskefulde olivenolie
- 3 spiseskefulde citronsaft
- Hakket persille til servering
- Havsaltflager til servering
- 12 lange metalspyd

INSTRUKTIONER:

a) Hvis du bruger hele rejer, skal du fjerne hoveder, skaller og ben, mens halerne efterlades. Træk tre rå rejer på hvert spyd, og gennembor dem i hver ende for at skabe en C-form på spyddet.

b) Opvarm en stor stegepande (stor nok til dine spyd) over medium-høj varme. Tilsæt olivenolie, og tilsæt hvidløget, når det er varmt. Når hvidløget er blevet aromatisk (ca. 1 minut), læg spyddene i stegepanden, tre ad gangen. Sauter i 3-5 minutter på hver side, indtil de er gyldne og gennemstegte. Tilsæt mere olie, hvis rejerne begynder at klæbe.

c) Tag af panden og anret på en tallerken. Dryp med citronsaft og pynt med persille og havsaltflager. Server med groft brød.

17. Bacon-indpakkede dadler

INGREDIENSER:
- 6 strimler tyndt skåret bacon, eller erstat med serranoskinke eller prosciutto
- 12 store datoer
- 3 ounce gedeost
- 12 tandstikkere (gennemblødt i vand for at minimere forkulning)
- Valgfrit: 12 Marcona mandler

INSTRUKTIONER:
a) Forvarm ovnen til 350°F (175°C).
b) Skær dadlerne i skiver på langs og fjern forsigtigt kernerne. Fyld hver dadel med en lille mængde gedeost og en mandel, hvis du bruger. Tryk kanterne af dadlerne sammen for at forsegle.
c) Skær baconstrimlerne i halve og pak hver dadel ind med et stykke bacon. Sæt baconen fast med en tandstik gennem dadlen.
d) Arranger de baconindpakkede dadler på en bageplade med kant, og lad der være mellemrum mellem hver af dem. Bag i 15-20 minutter, vend halvvejs rundt, indtil baconen er brun og sprød.
e) Lad dem køle af i et par minutter, server derefter og nyd den dejlige kombination af smag!

18. Grillet Calamari Pintxo

INGREDIENSER:
- 250 g calamari ringe
- 2 spsk olivenolie
- 2 fed hvidløg, hakket
- 1 tsk røget paprika
- Citronbåde (til servering)

INSTRUKTIONER:
a) Forvarm grillen eller grillpanden.
b) Bland olivenolie, hakket hvidløg og røget paprika i en skål.
c) Smid calamari-ringene i olivenolieblandingen.
d) Grill calamarien i 2-3 minutter på hver side.
e) Server med citronbåde.

19. Skinkekroketter

INGREDIENSER:
- 150 g serranoskinke, hakket
- 1 laurbærblad
- 75 g smør
- 75 g almindeligt mel 75g
- 500 ml sødmælk
- 50 g manchego, revet
- 1 knivspids muskatnød
- 2 æg
- 100 g rasp
- Olie til friturestegning

INSTRUKTIONER:
a) Tilsæt skinke i en gryde og tilsæt laurbærbladet.
b) Kog i cirka 5 minutter.
c) Overfør skinken til en tallerken.
d) Tilsæt smørret og rør melet i. Lav en pasta.
e) Hæld langsomt mælken i og lav en sauce.
f) Tilsæt skinke og laurbærblad igen i gryden.
g) Kog i 15 minutter. Tilsæt ost, muskatnød og krydderier.
h) Frys nu blandingen i 3 timer.
i) Kom til kugler og dyp i æg. Overtræk brødkrummer og steg dem gyldenbrune. Tjene.

20.Svinekød alt

INGREDIENSER:
- 8 skiver bacon uden tilsat sukker
- 8 ounce Braunschweiger ved stuetemperatur
- ¼ kop hakkede pistacienødder
- 6 ounce (¾ kop) flødeost, blødgjort til stuetemperatur
- 1 tsk dijonsennep

INSTRUKTIONER:

a) Steg bacon i en medium stegepande over medium varme, indtil det er sprødt, 5 minutter på hver side. Afdryp på køkkenrulle og lad afkøle. Når det er afkølet, smuldres det i små baconstykker.

b) Placer Braunschweiger med pistacienødder i en lille foodprocessor og pulsér, indtil det lige er blandet.

c) Brug en stavblender til at piske flødeost og dijonsennep i en lille røreskål, indtil det er blandet og luftigt.

d) Fordel kødblandingen i 12 lige store portioner. Rul til kugler og dæk i et tyndt lag flødeostblanding.

e) Afkøl i mindst 1 time. Når du er klar til at servere, læg baconstykker på en mellemstor tallerken, rul kugler igennem, så de bliver jævnt, og nyd.

21.Cocktailfest frikadeller

INGREDIENSER:
- ¼ kop Fedtfri hytteost
- 2 æggehvider
- 2 teskefulde Worcestershire sauce
- ½ kop Plus 2 spsk almindeligt brødkrummer
- 8 ounces malet kalkunbryst
- 6 ounce kalkunpølse; fjernet fra hylstre
- 2 spsk Hakket løg
- 2 spsk Hakket grøn peberfrugt
- ½ kop Frisk snittet persille og bladselleri

INSTRUKTIONER:
a) Spray en bageplade med no-stick spray og stil til side.
b) I en stor skål røres hytteost, æggehvider, Worcestershire sauce og ½ kop brødkrummer sammen. Rør kalkunbryst, kalkunpølse, løg og grønne peberfrugter i.
c) Form fjerkræblandingen til 32 frikadeller. Kombiner persille, bladselleri og de resterende 2 spiseskefulde brødkrummer på et ark vokspapir. Rul frikadellerne i persilleblandingen, til de er jævnt dækket.
d) Overfør frikadellerne til den forberedte bageplade. Steg 3 til 4 inches fra varmen i 10 til 12 minutter .

22. Grillede frikadeller

INGREDIENSER:
- 3 pund magert hakkebøf
- 2 kopper Hurtig havregryn
- 13 ounce inddampet mælk
- 2 æg, let blandet udg
- 1 kop hakket løg
- ½ tsk hvidløgspulver
- 2 tsk salt
- ½ tsk peber
- 2 tsk Chili pulver

INSTRUKTIONER:

a) Bland ingredienserne sammen og form til kugler på størrelse med valnød. Placer i 2 (to) 9 x 13-tommer bageforme.

b) Sauce: 4 C. Catsup 2 C. Brunt sukker 3 T. Flydende Røg 1 t. Hvidløgspulver 1 C. Løg i tern

c) Bland ingredienserne i fadet indtil brun farin er opløst. Hæld over frikadeller. Bages ved 350 grader i 1 time.

23.B acon indpakkede frikadeller

INGREDIENSER:
- 1 pakke (26 oz.) Frikadeller
- 1 pakke bacon, skåret i strimler
- 1 flaske honning BBQ sauce

INSTRUKTIONER:

a) Forvarm ovnen til 400 grader Fahrenheit.

b) Beklæd en 17" x 11" bageplade med bagepapir.

c) Vikl en tredjedel baconskive om hver frikadelle og fastgør med en tandstik.

d) Læg de indpakkede frikadeller i et enkelt lag på bagepapiret og bag dem i 20-25 minutter, eller indtil baconen er gennemstegt.

e) Tag frikadellerne af panden og pensl dem med honning BBQ sauce.

f) Karamelliser BBQ-saucen ved at sætte frikadellerne tilbage i ovnen i yderligere 5 minutter.

24. brasilianske løgbid

INGREDIENSER:

- 1 lille Løg skåret på langs
- 6 spsk Mayonnaise
- Salt og peber
- 6 brødskiver, skorper fjernet
- 3 spsk parmesanost, revet

INSTRUKTIONER:

a) Forvarm ovnen til 350. Bland løget med 5 spsk mayonnaise og salt og peber efter smag. Sæt til side. Smør 3 skiver brød på den ene side med den resterende mayonnaise. Skær disse i kvarte.

b) Skær de resterende 3 skiver brød i kvarte og fordel hver firkant jævnt med løgblandingen. Top med de reserverede brødfirkanter, mayonnaisesiden opad. Læg disse på en bageplade og drys toppene rigeligt med parmesanost.

c) Bages, indtil de er let gyldne og let hævede, cirka 15 minutter. Server straks.

25. Cranbær og chili frikadeller

INGREDIENSER:
- 1 pakke (12 oz.) italienske frikadeller
- 16 oz. dåse geléet tranebærsauce
- 1/3 kop chilisauce
- 1 spsk dijonsennep

INSTRUKTIONER:

a) Opvarm tranebærsauce, chilisauce og dijonsennep i en langsom komfur.
b) Rør i frikadeller i saucen for at dække dem.
c) Kog på høj i 3 til 4 timer, eller lav i 5 til 6 timer . Tjene.

26.Lakse & avocadobid

INGREDIENSER:
- 1 laksefilet
- Salt og peber efter smag
- 12 baguette crostini
- 1 moden avocado
- Citronsaft til drys

INSTRUKTIONER:
a) Forvarm din kogemaskine til 104 grader F.
b) Drys laksefileten med salt og læg den i vakuumposen.
c) Forsegl den, indstil timeren til 1 time.
d) Når fileten er kogt, lad den køle af, skær den i skiver med en skarp kniv og server over baguette crostini toppet med moset avocado og drysset med citronsaft.

27.Manchego Tortas med Chorizo

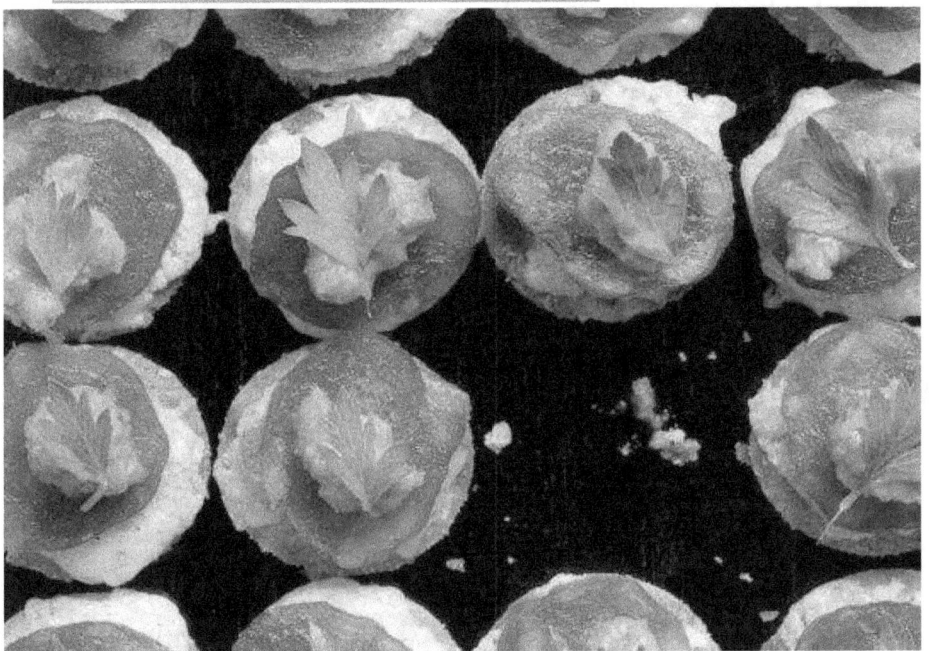

INGREDIENSER:
- ½ kop hakkede mandler, ristede
- 2 spsk sherryeddike
- ½ tsk tørret oregano
- ¼ tsk salt
- ¼ tsk stødt rød peber
- 1 spsk chipotle chile
- 2 store ristede røde peberfrugter, dåse
- 1 fed hvidløg
- ½ kop ekstra jomfru olivenolie
- 3 runde fuldkornssandwich
- 2 ounce Manchego ost, barberet
- 4 o z. Spansk chorizo, skåret i 32 skiver
- ⅓ kop fladbladede persilleblade

INSTRUKTIONER:

a) Forvarm ovnen til at stege.

b) Puls de første 8 ingredienser (gennem til hvidløg), indtil de er godt blandet.

c) Med foodprocessoren kørende, dryp langsomt olien i, og bearbejd indtil glat.

d) Brug en skarp rund kageudstikker til at skære 32 (1 1/4-tommer) cirkler ud fra sandwich-runder.

e) Læg brød på en bradepande i et enkelt lag og top jævnt med ost.

f) Steg i 3 minutter, eller indtil osten er smeltet. Tag fadet ud af ovnen.

g) Tilsæt 1 chorizoskive, 1/4 tsk romesco og 1 persilleblad til hver.

28. Heny balsamico frikadeller

INGREDIENSER:
- 1 pakke (22 oz.) italienske frikadeller
- 1/2 kop balsamicoeddike
- 3/4 kop ketchup
- 1/2 kop brun farin
- 1/4 kop honning
- 1 spsk Worcestershire sauce
- 1 spsk dijonsennep
- 1/4 tsk hvidløgspulver
- salt og sort peber efter smag

INSTRUKTIONER:
a) Kombiner balsamicoeddike, ketchup, brun farin, honning, Worcestershiresauce, Dijonsennep, hvidløgspulver, salt og peber i en stor gryde over medium-høj varme. Bring det i kog, og rør af og til.
b) Lad det simre i 45 minutter ved svag varme, eller indtil saucen er tyknet og har mistet sit eddikebid.
c) I mellemtiden tilberedes frikadellerne efter pakkens anvisninger.
d) Rør de kogte frikadeller forsigtigt i saucen for at dække dem.
e) Server med tandstikker med det samme.

29. Tun og Avocado Pintxo

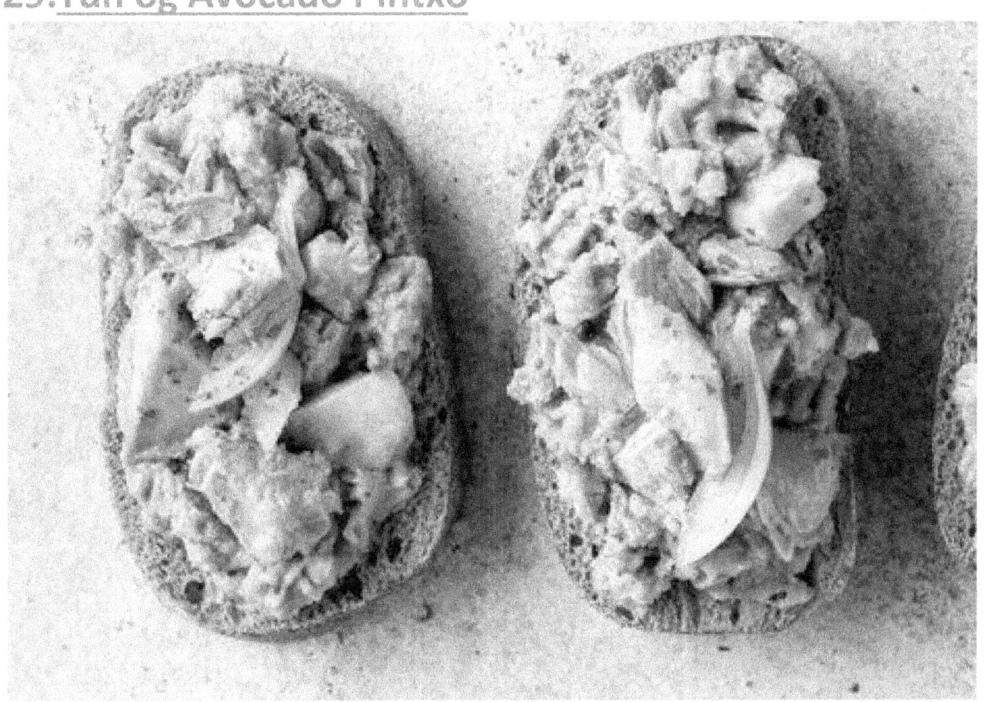

INGREDIENSER:
- Baguette skiver
- 150 g frisk tun, skåret i tynde skiver
- 1 moden avocado, skåret i skiver
- Sojasovs til dryp
- Sesamfrø (til pynt)

INSTRUKTIONER:
a) Rist baguetteskiverne.
b) Læg en skive frisk tun på hver skive.
c) Top med skåret avocado.
d) Dryp med sojasovs og drys sesamfrø ovenpå.
e) Server straks.

30.Grillede rejer Pintxo

INGREDIENSER:
- 200 g store rejer, pillet og udvundet
- 2 spsk olivenolie
- 2 fed hvidløg, hakket
- 1 spsk citronsaft
- Salt og peber efter smag
- Træspyd

INSTRUKTIONER:
a) Forvarm grillen eller grillpanden.
b) Bland olivenolie, hakket hvidløg, citronsaft, salt og peber i en skål.
c) Træk rejerne på træspydene.
d) Pensl rejerne med olivenolieblandingen.
e) Grill rejerne i 2-3 minutter på hver side eller til de er gennemstegte.
f) Anret på spyd.

31.Grill oksekød kopper

INGREDIENSER:
- 1 lb. ekstra magert hakkebøf
- 1 løg
- 1 dåse kiks, dåse
- ½ c barbecue sauce
- 2 TB brun farin
- ¾ c cheddarost, revet

INSTRUKTIONER:
a) Brun hamburger; tilsæt sauce, løg og farin. Simre.
b) Læg 1 kiks i hver kop i en smurt muffinform og form til en kop. Hæld hamburgerblandingen i kopper
c) drys cheddarost over. Bages ved 400 grader i 10 til 12 minutter.

32. BBQ kielbasa

INGREDIENSER:
- 3 pund Hudfri kielbasa; Segmenteret
- 1 kop ketchup
- 1 kop brun farin
- 2 spsk Worcestershire sauce
- ¼ teskefuld tør sennep
- 1 spsk citronsaft
- ½ kop chilisauce

INSTRUKTIONER:
a) Kog kielbasa i vand i 30 minutter for at fjerne fedt
b) Bland de resterende ingredienser i en crock pot og kog i ca. 2 timer eller indtil færdig
c) Server i crock pot med tandstikker.

33.Mousserende tranebær- og briebid

INGREDIENSER:
- 2 kopper friske tranebær, skyllet
- 1 kop god ahornsirup
- 1 kop granuleret sukker
- 16 vandkiks
- 8 ounce brie ost
- 1/2 kop tranebærrelish
- Frisk mynte, til pynt

INSTRUKTIONER:
a) Opvarm siruppen i en lille gryde og hæld tranebærrene ovenpå.
b) Brug en ske til at hvirvle forsigtigt rundt for at dække alle bærrene. Lad det køle af, dæk til og sæt i blød natten over i køleskabet.
c) Dræn tranebærrene i et dørslag dagen efter.
d) Rul halvdelen af tranebærrene i sukker, indtil de er let dækket; gentag med de resterende tranebær.
e) Læg den på en bageplade og lad den tørre i en time.
f) For at konstruere, læg en skive Brie, et let lag tranebærchutney og fire eller fem sukkersyede tranebær oven på kiksene.
g) Tilsæt friske myntekviste som pynt.

34. Figner med bacon og Chile

INGREDIENSER:
- 5 ounce skive bacon, skåret i skiver
- 3 spsk ren ahornsirup
- 8 modne friske figner, halveret på langs
- 2 spsk sherryeddike
- 1/2 tsk knuste røde peberflager

INSTRUKTIONER:

a) I en stor nonstick-gryde steges baconstykkerne, indtil de er brune og sprøde, ca. 8-10 minutter. Sæt til side.

b) Opvarm ahornsiruppen i samme stegepande over medium-høj varme.

c) Læg fignerne i et enkelt lag på stegepanden med skæresiden nedad.

d) Kog i cirka 5 minutter, vend jævnligt, indtil fignerne er bløde og karamelliserede.

e) Læg figner med snitsiden opad på et fad, og tryk baconstykker på hver figens overflade.

f) Tilsæt bacon , peberflager og eddike, under omrøring for at inkorporere .

g) Bring til lav varme og kog under konstant omrøring i cirka 1 minut .

35. Spanske svinespyd - Pinchos Morunos

INGREDIENSER:
- 2 pund svinemørbrad, renset for overskydende fedt og årer
- 1 spsk stødt spidskommen
- 1 tsk stødt koriander
- 1 spsk sød spansk paprika
- 1 tsk stødt gurkemeje
- 1 tsk oregano
- ½ tsk friskkværnet sort peber
- ¼ tsk stødt kanel
- 1 tsk salt
- 5 fed hvidløg, hakket
- ¼ kop ekstra jomfru olivenolie
- Saft af en halv citron (til marinade)
- Citronbåde (til servering)

INSTRUKTIONER:
a) Skær overskydende fedt fra svinekammen og skær det i 1 ½ tomme tern. Læg kødet i en stor frysepose.
b) Bland krydderierne, olivenolie og citronsaft i en skål. Hæld blandingen i posen med svinekød.
c) Luk posen og massér svinekødet, indtil det er jævnt dækket af marinaden. Mariner i køleskabet natten over eller i minimum 2 timer.
d) Tag de marinerede svinetern ud af marinaden og sæt dem på træ- eller metalspyd, så der er lidt mellemrum mellem hver terning.
e) Grill spyddene på en grill eller i en støbejernsgryde ved høj varme, til de er brune på ydersiden, men lige gennemstegte. Den indre temperatur skal nå 145°F (62°C). Vær forsigtig med ikke at overkoge for at bevare saftigheden.
f) Lad spyddene hvile i 5 minutter, og server derefter varme med citronbåde. Nyd de rige smag og kulturelle arv fra disse pinchos morunos!

36.Ristede asparges pakket ind i skinke

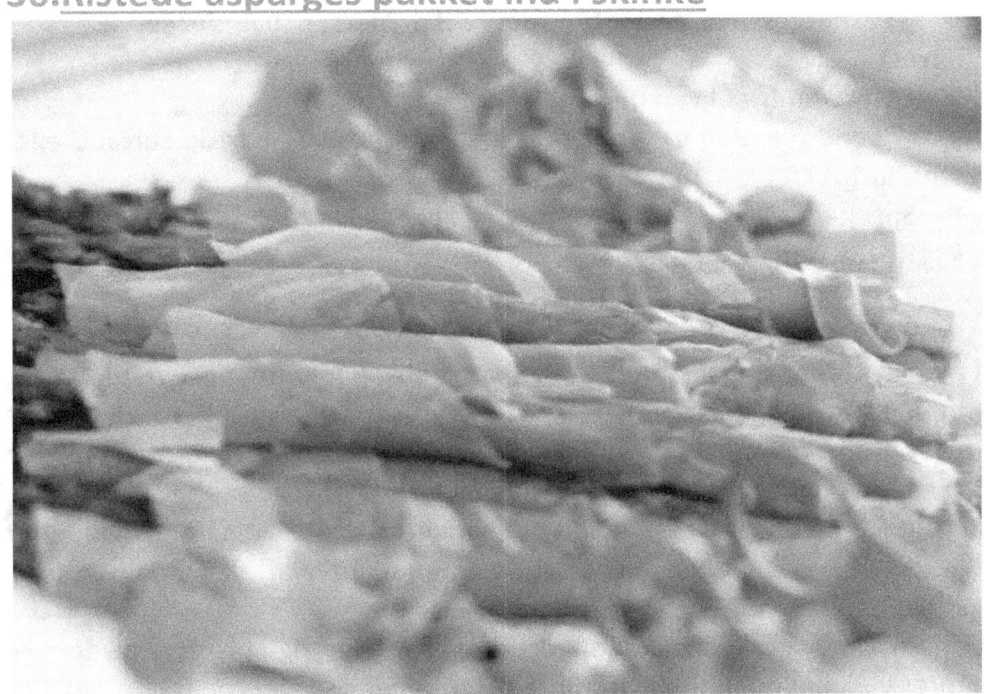

INGREDIENSER:
- 18 aspargesspyd, ender trimmet (2-3 pr. person, hvis det serveres som forret)
- Ekstra jomfru oliven olie
- ⅓ pund (ca. 200 g) tyndt skåret speget skinke (iberisk, serrano eller prosciutto)
- Sort peber
- Revet Manchego ost

INSTRUKTIONER:
a) Dæk en bageplade med aluminiumsfolie og forvarm din ovn til 425 ° F.
b) Beklæd aspargesspydene med ekstra jomfruolivenolie og frisk sort peber i en stor skål eller bageform (bemærk: udelad yderligere salt, da den spegede skinke og Manchego-osten giver tilstrækkelig salthed).
c) Pak hvert aspargesspyd ind med speget skinke, rul på diagonalen for at omslutte aspargesene helt. Juster mængden af skinke baseret på størrelsen på dine skiver.
d) Placer hvert indpakket spyd på bagepladen, og sørg for, at de ikke rører ved hinanden for at fremme sprødheden i stedet for at dampe.
e) Dryp de indpakkede asparges let med olivenolie.
f) Bages i fem minutter midt i ovnen.
g) Tag ud af ovnen, vend hvert skinkeindpakket aspargesspyd for jævn sprødhed, og riv Manchego-ost ovenpå. Vend tilbage til ovnen.
h) Bages i yderligere fem minutter. Hvis den endnu ikke er brunet, tændes slagtekyllingen kort, indtil den er gylden på toppen.
i) Tag dem ud af ovnen og lad dem køle lidt af.
j) Server med det samme eller opbevar og varm hurtigt op inden servering. Nyd den dejlige kombination af smag og teksturer i denne udsøgte forret!

37. Kartoffelspinatkugler

INGREDIENSER:
- 10 oz. hakket spinat
- 3 kopper resterende kartoffelmos
- 2 æg
- 1/4 tsk muskatnød
- 1/4 tsk cayennepeber
- 1 kop revet peber Jack cheese
- 1/2 kop universalmel
- Salt og peber efter smag

INSTRUKTIONER:
a) Forvarm ovnen til 450°F.
b) Kombiner kartofler, spinat og æg i en mellemstor gryde, indtil den er glat. Smag til med muskatnød og cayennepeber efter smag.
c) Smid osten og 4 spsk mel i. Rør, indtil alt melet er inkorporeret.
d) Fordel det resterende mel på en tallerken og smag til med salt og peber.
e) Lav 1-tommer kugler ud af spinatblandingen.
f) Beklæd kuglerne med mel og læg dem på den forberedte bageplade.
g) Stil bakken i køleskabet i 20 minutter.
h) Tag kuglerne ud af køleskabet og beklæd dem let med madlavningsspray.
i) Bages i 12 til 14 minutter, eller indtil de er gyldenbrune og faste.
j) Server almindelig, eller drys d med citronsaft.

MONTADITOS

38.Tomat og basilikum Montadito

INGREDIENSER:
- Baguette skiver
- 4 store tomater i tern
- 1 kop friske basilikumblade, hakket
- 2 fed hvidløg, hakket
- 3 spsk ekstra jomfru olivenolie
- Salt og peber efter smag

INSTRUKTIONER:
a) Rist baguetteskiverne i ovnen eller på en grill.
b) I en skål kombineres hakkede tomater, hakket basilikum, hakket hvidløg og olivenolie.
c) Smag blandingen til med salt og peber efter smag.
d) Hæld tomat- og basilikumblandingen på hver ristet baguetteskive.
e) Server straks.

39. Svampe- og gedeost Montadito

INGREDIENSER:
- Baguette skiver
- 150 g røget laks
- 200 g flødeost
- 1 rødløg, skåret i tynde skiver
- Kapers
- Frisk dild (til pynt)

INSTRUKTIONER:
a) Rist baguetteskiverne i ovnen eller på en grill.
b) Fordel et lag med 200 g flødeost på hver skive.
c) Læg en skive røget laks oven på flødeosten.
d) Tilføj et par skiver rødløg og kapers til hver montadito.
e) Pynt med frisk dild inden servering.

41.Zucchini og laksecrostini

INGREDIENSER:
- ½ kop olivenolie, delt
- ¼ kop frisk dild, hakket
- 1 lille skalotteløg, hakket
- 1 citron, skrællet og saftet
- 3 skindfri laksefileter
- 8 skiver surdejsbrød, halveret på tværs
- 2 zucchinier, skåret i skiver på langs

INSTRUKTIONER:
a) Sæt en grill på medium-høj varme.
b) Bland dild, skalotteløg og citronskal med ⅓ kop olivenolie i en mellemstor skål.
c) Påfør 1 spsk af dildolien på laksen.
d) Smag til med friskkværnet sort peber og havsaltflager.
e) Grill laksen i 2½ minut på hver side, eller indtil der kommer kuløremærker.
f) Dryp imens 1 spsk olivenolie på brødet.
g) Grill i to minutter på hver side, eller indtil der kommer kulørte mærker.
h) Påfør den sidste spiseskefuld olivenolie på zucchinien.
i) Grill zucchinien i 1½ minut på hver side, eller indtil de er sprøde og møre.
j) Læg zucchini og laksestykker på brødet.
k) Kombiner det sidste af dildolien med 1 spsk citronsaft.
l) Tilsæt salt, peber og yderligere citronsaft efter smag.
m) Server bruschettaen med dild-citronsaucen dryppet på toppen.

42. Ricotta og fersken Crostini

INGREDIENSER:
- 16 baguette skiver
- 4 ounce tyndt skåret pancetta
- ¼ kop basilikum i tynde skiver
- 1 kop sødmælksricotta
- 2 store ferskner, skåret i tynde skiver
- 2 spsk olivenolie
- 1 spsk honning
- ¼ kop balsamico glasur

INSTRUKTIONER:
a) Dryp lidt olivenolie let på brødets to sider, og stil det derefter til side.
b) Varm grillen op.
c) Grill brødet, indtil det er gyldent og sprødt, cirka 1 til 2 minutter på hver side.
d) Læg til side.
e) I en lille gryde ved middel varme koges pancettaen i 3-4 minutter, eller indtil den begynder at blive sprød.
f) Pancetta skal vendes og koges til den er sprød.
g) Overfør til en tallerken dækket af køkkenrulle, og lad derefter afkøle.
h) Bland ricotta og honning i en lille skål.
i) Fordel en skive baguette med en spiseskefuld af ricottablandingen.
j) Fortsæt med det resterende brød.
k) Tilføj et par skiver fersken til hvert stykke brød, og fordel derefter pancettaen jævnt mellem crostinierne.
l) Dryp balsamicoglasuren over crostinien og top med basilikum.

43.Stracchino bruschetta

INGREDIENSER:
- 1 fransk baguette, skåret i ½ tomme skiver
- 400 gram Stracchino
- 2 Frisk pølse
- Peber & salt
- Kapers

INSTRUKTIONER:
a) Bland stracchinoen og pølsen i en skål.
b) Læg et godt lag af saucen med en ske.
c) Pynt med kapers og sæt dem i ovnen for at riste dem, når stracchinoen begynder at smelte er de klar,
d) Server dem varme,

44. Pære, honning og pecan Crostini

INGREDIENSER:
- honning til at dryppe
- 8 store brioche toasts
- 1 pære
- ⅓ kop pecan stykker
- 5 ounces gedeost

INSTRUKTIONER:
a) Læg 1 afrundet spiseskefuld gedeost på hver brioche-toast.
b) Top derefter hver toast med flere skiver af tynde skiver pærer.
c) Tilsæt pecan stykker og dryp honning over hver.

45. Valnød, figen og prosciutto Crostini

INGREDIENSER:
- 1 brød ciabattabrød, skåret ½ tomme tykke
- Ekstra jomfru oliven olie
- 12 skiver prosciutto
- ¼ kop ristede valnødder, hakkede
- Ekstra jomfru oliven olie
- 6 modne figner, revet i halve
- 1 bundt frisk persille
- 1 fed hvidløg, skåret i skiver
- Friskkværnet sort peber
- 6 spsk balsamicoeddike

INSTRUKTIONER
a) Forvarm en grillpande og grill dine ciabatta-skiver.
b) Gnid forsigtigt den afskårne side af hvidløget på ciabattaen.
c) Dryp med ekstra jomfru olivenolie.
d) Læg et stykke prosciutto og en figenhalvdel oven på hver af dine varme crostini.
e) Top med persille og valnødder, og dryp med mere ekstra jomfru olivenolie.
f) Tilsæt et skvæt balsamicoeddike, og smag til med friskkværnet sort peber inden servering.

46.Salami og Brie Crostini

INGREDIENSER:
- 1 fransk baguette, skåret i 4-6 tykke stykker
- 8-ounce runde Brie ost, i tynde skiver
- 4-ounce pakke Prosciutto
- ½ kop tranebærsauce
- ¼ kop olivenolie
- Frisk mynte

BALSAMISK GLASUR:
- 2 spsk brun farin
- ¼ kop balsamicoeddike

INSTRUKTIONER
BALSAMISK GLASUR:
a) Tilsæt brun farin og en kop balsamicoeddike i en gryde ved lav varme.
b) Lad det simre, indtil eddiken er tyknet.
c) Tag glasuren af varmen og lad den køle af. Det vil tykne, når det afkøles.

AT SAMLE:
d) Pensl baguetten let med olivenolie og rist i ovnen i 8 minutter.
e) Fordel brien på brødet.
f) Tilføj en liberal teskefuld tranebærsauce og prosciutto på toppen.
g) Top med et skvæt af balsamicoglasuren efterfulgt af mynteblade.
h) Server med det samme.

47. Chorizo og Manchego Montadito

INGREDIENSER:
- Baguette skiver
- 150 g chorizo i tynde skiver
- 200 g Manchego ost, skåret i skiver
- 2 spsk olivenolie
- Frisk persille, hakket (til pynt)

INSTRUKTIONER:

i) Forvarm ovnen til 350°F (180°C).

j) Læg baguetteskiver på en bageplade og pensl dem let med 2 spsk olivenolie.

k) Bages i 5-7 minutter eller indtil skiverne er ristet.

l) Top hver skive med en skive chorizo og en skive Manchego ost.

m) Sæt montaditos tilbage i ovnen i yderligere 3-5 minutter, eller indtil osten er smeltet.

n) Pynt med frisk persille inden servering.

48.Salami og Artiskok Crostini

INGREDIENSER:
- 1 baguette skåret i ¼ tomme skiver
- olivenolie
- 2 kopper ricottaost
- 10 tynde skiver salami skåret i kvarte
- 12-ounce kan marinere artiskokhjerter, hakket
- salt og peber efter smag

INSTRUKTIONER
a) Indstil ovnen til 425 grader Fahrenheit.
b) Brug silikone bagemåtter eller bagepapir til at beklæde en bageplade.
c) Pensl et tyndt lag olivenolie på hver skive brød, inden du lægger den på bagepladen.
d) Bag brødet i ovnen i cirka 5 minutter, indtil det er pænt ristet.
e) Tag ud af ovnen og afkøl helt.
f) Smør hver brødskive med ricottaost, krydr med salt og peber, og top derefter salami og hakkede artiskokhjerter.

49.Basilikum og Gorgonzola Crostini

INGREDIENSER:
- 6 ounce gorgonzola
- 2 spsk valnødder
- ½ kop hakket italiensk persille
- 1 bundt basilikumblade skåret i strimler
- 1 brød fransk baguette, skåret i ⅓ tomme skiver

INSTRUKTIONER:
a) Steg brødskiverne let i 1-2 minutter på hver side på en bageplade i ovnen.
b) Fjern gryden og opvarm ovnen til 350°F.
c) Kombiner valnødder, gorgonzola og persille i en foodprocessor, indtil de er grundigt kombineret, men ikke pureret - vi vil have, at valnødderne bevarer en vis tekstur.
d) Læg en teskefuld af blandingen oven på hver skive brød.
e) Kog i ovnen i 20 minutter.
f) Læg strimler af basilikumblade ovenpå.

50.Ristet rød peber Crostini

INGREDIENSER:
BAGUETTE:
- 1 baguette, skåret omkring ½ tomme tykke
- 1 spsk olivenolie
- Kosher salt og friskkværnet sort peber

RØD PEBERSAUCE:
- 3 spsk olivenolie
- 1 skalotteløg, hakket
- 1 spsk honning
- 2 tsk hakket frisk timian
- Knib chiliflager
- 2 spsk rødvinseddike
- 16-ounce krukke med ristede røde peberfrugter, drænet og skåret i skiver
- 2 spsk hakket frisk italiensk persille

AT SAMLE:
- 6 ounce gedeost
- Basilikum, til pynt

INSTRUKTIONER:
BAGUETTE:
a) Indstil ovnens temperatur til 400 F.
b) Pensl olivenolie på baguetteskiverne, og krydr med salt og peber.
c) Læg skiverne i lag på en bageplade, og rist dem i ovnen i 8 minutter, eller indtil de er sprøde.

RØD PEBERSAUCE:
d) Pisk olivenolie, eddike, honning, chiliflager og timian.
e) Rør skalotteløg, persille og ristede peberfrugter i. Læg til side.

AT SAMLE:
f) Fordel gedeost på hvert stykke toast.
g) Tilsæt en skefuld af den røde pebersauce, efterfulgt af frisk basilikum på toppen.
h) Server og nyd.

51.Crostini alla Carnevale

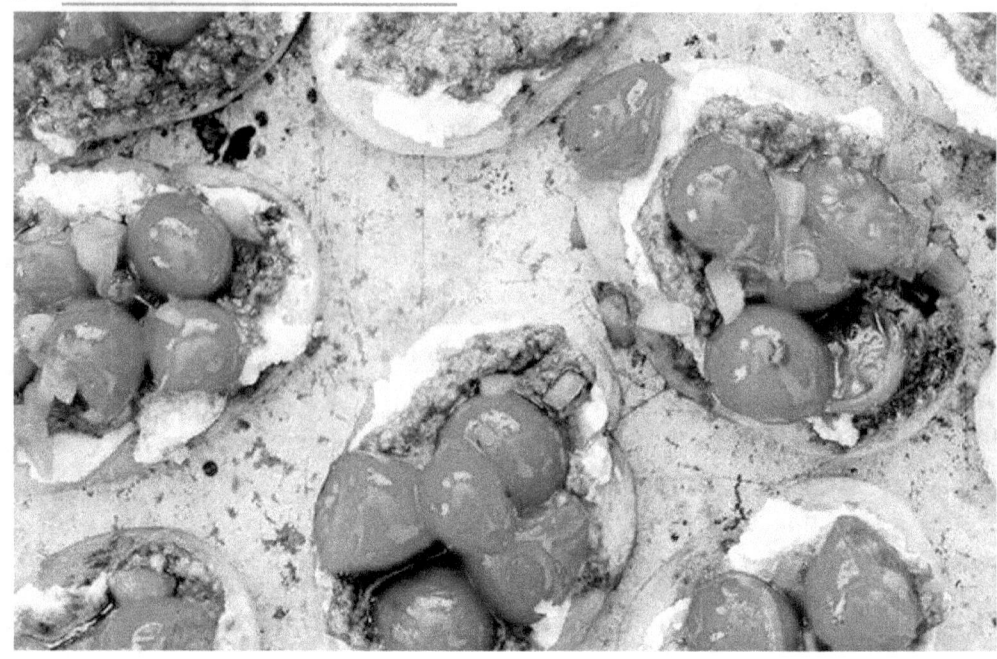

INGREDIENSER:
- 16 tynde baguetteskiver, skåret på diagonalen
- 2 spsk ekstra jomfru olivenolie
- 3 fed hvidløg, hakket, delt
- 4 ounces ricottaost
- 4 ounce mild Asiago, Jack eller fontina ost, i tern
- 6-8 cherrytomater i kvarte
- 2 spsk hakket ristet rød peber
- 2 spsk basilikumpesto

INSTRUKTIONER:
a)   Forvarm slagtekyllingen.
b)   Smid baguetteskiverne med olivenolien i en skål, og læg dem i et enkelt lag i en bageplade eller på en bageplade. Rist under grillen i cirka 5 minutter, eller indtil de er let gyldne. Fjern og vend toastet med halvdelen af hvidløget. Sæt til side.
c)   I en lille skål kombineres det resterende hvidløg med ricottaost, Asiago, cherrytomater, peberfrugt og pesto.
d)   Top hver toast med en stor klat af fyldet. Arranger på bagepladen og kom under slagtekyllingen, indtil osten smelter og syder, og kanterne af toasten er sprøde og brune.

52.Butternut Crostini med Açaí-drys

INGREDIENSER:
- 1 butternut squash, skrællet, frøet og skåret i tern
- 2 spsk ekstra jomfru olivenolie
- ⅓ kop ristede hasselnødder, groft hakket
- ½ Açaí puré
- 2 spsk balsamicoeddike
- 1 baguette, skåret i 1-tommer tykke runder
- Hakket frisk purløg, til pynt

INSTRUKTIONER:
a) Forvarm ovnen til 400 grader F.
b) Vend butternut squash med 2 spsk olivenolie og smag til med salt og sort peber. Fordel jævnt på en stor bageplade og steg i 20 minutter, vend halvvejs, indtil squashen er møre og let karamelliseret.
c) Kombiner i mellemtiden Açaí, balsamico og en knivspids salt i en lille gryde. Bring det i kog og kog indtil det er meget tykt, cirka 20 minutter.
d) Når squashen er klar, dryppes baguetten let med olivenolie og ristes i den varme ovn. Når den er klar, toppes hver brødrunde med en kugle butternut squash, drys med hasselnødder og dryp med Açaí-balsamico sauce. Pynt med purløg og server.

53.Crostini med gedeost og hvidløg

INGREDIENSER:
- 1 fuldkornsbaguette
- ¼ kop olivenolie
- 2 fed hvidløg, hakket
- 4 ounce gedeost
- 2 spsk frisk basilikum, hakket

INSTRUKTIONER:
a) Forvarm airfryeren til 380°F.
b) Skær baguetten i ½ tomme tykke skiver.
c) Bland olivenolie og hvidløg i en lille skål, og pensl det derefter over den ene side af hver skive brød.
d) Læg det olivenoliebelagte brød i et enkelt lag i airfryer-kurven og bag i 5 minutter.
e) I mellemtiden blandes gedeosten og basilikum i en lille skål.
f) Fjern toasten fra airfryeren, fordel derefter et tyndt lag af gedeostblandingen over toppen af hvert stykke og server.

54.Kikærtesalat Crostini

INGREDIENSER:
- 1 baguette, skåret i 12 skiver
- 2 spsk ekstra jomfru olivenolie
- 1 15-ounce dåse kikærter, drænet og skyllet
- 1 15-ounce dåse sorte bønner, drænet og skyllet
- 1 8-ounce dåse majs, drænet og skyllet
- 1 4-ounce dåse sorte oliven, drænet og skåret i skiver
- 1 spsk frisk limesaft
- 2 tsk hørfrømel
- 1 tsk stødt spidskommen
- ¼ tsk chilipulver
- ¼ tsk løgpulver
- ¼ tsk salt
- Frisk timian, til pynt

INSTRUKTIONER:
CROSTINI TOAST
a) Læg brødskiverne ud på en bageplade. Pensl let hver skive brød med olie.
b) Sæt bagepladen under slagtekyllingen. Gør ikke andet. Bare stå der og fortsæt med at tjekke brødet og lad det ikke brænde på. Det tager kun et par minutter.
c) Når toastene er let brunede, tages pladen ud af ovnen. Du kan lave dem i forvejen og opbevare dem i køleskabet til senere brug.
AT SAMLE
d) I en stor skål blandes alle de resterende ingredienser, undtagen timian.
e) Top hver toast med kikærteblandingen lige inden servering. Pynt med frisk timian.

55. Crostini alla porcini

INGREDIENSER:
- 1 ounce tørrede porcini-svampe
- 3 spsk olivenolie
- 1 spsk usaltet smør
- ½ pund Friske shitake eller kantarelsvampe, skåret i skiver
- ¼ kop tung fløde
- 2 spsk hakket frisk persille
- 3 spsk Frisk revet Asiago eller parmesanost
- 16 små skiver italiensk brød, let ristet

INSTRUKTIONER:
a) Udblød porcini i 1 kop meget varmt vand i 20 minutter. Dræn og skær i terninger, fjern eventuelle hårde stilkestykker.
b) Varm olie og smør op i en stor gryde, indtil smørret skummer.
c) Tilsæt svampe og kog til de er let gyldne. Tilsæt hvidløg og kog og rør i et minut.
d) Tilsæt fløde og kog til det er let tyknet i cirka 5 minutter. Tilsæt persille og rør kort. Smag til med salt og et par stykker sort peber.
e) Afkøl let og hæld på toasts.
f) Drys med ost og kør under en forvarmet slagtekylling, indtil osten er smeltet, og alt er boblende og begynder at brune.
g) Server straks.

56.Crostini med cannellini bønner

INGREDIENSER:
- 1 dåse Cannellini bønner
- 1 lille fed hvidløg, hakket
- 3 spsk olivenolie
- 2 spsk frisk persille, hakket
- Friskkværnet sort peber
- 1 baguette, skåret i skiver

INSTRUKTIONER:
a) Dræn og skyl bønnerne.
b) Kom i en skål og bland godt med de resterende ingredienser.
c) Tilsæt friskkværnet sort peber efter smag.
d) Server på en baguette.

57. Andelever crostini med agurkesalat

INGREDIENSER:
- 4 spsk jomfruolivenolie
- 1 mellemstor rødløg, skåret i tynde skiver
- 1 pund andelever eller kyllingelever
- 2 spsk Kapers, skyllet og drænet
- 2 Ansjosfileter, skyllet og tørret
- 1 tsk knuste røde peberflager plus 1 spsk
- 1 kop tør rødvin
- Salt og peber efter smag
- 1 stor engelsk agurk
- 2 ounces ekstra jomfru olivenolie
- 1-ounce rødvinseddike
- ½ tsk sukker
- Salt og peber efter smag
- 12 skiver italiensk landbrød, skåret ¾-tommer tykt

INSTRUKTIONER:
a) I en 10-tommer til 12-tommer sauterpande opvarmes olie langsomt over medium varme.
b) Tilsæt løg og steg langsomt, indtil det er blødt, men ikke brunt, cirka 10 minutter.
c) Tilsæt lever, kapers, ansjosfileter og rød peber, og kog indtil let brunet i cirka 10 minutter.
d) Tilsæt vin og kog indtil der kun er 3 til 4 spiseskefulde væske tilbage.
e) Hæld levermix i en foodprocessor og blend med mellemrum, så det bliver klumpet.
f) Smag til med salt og peber og tag dem op i en lille røreskål.
g) Skræl agurken og fjern kernerne.
h) Skær i halvmåner på ⅛-tommer, og pynt med olie, eddike og sukker, og smag til med salt og peber.
i) Grill eller rist brød på begge sider og fordel 1 spsk andeleverblanding over hver enkelt.
j) Fordel mellem 4 plader.
k) Læg 2 spiseskefulde agurkeblanding på hver tallerken og server med det samme.

58.Fest polenta crostini

INGREDIENSER:
- 1 pakke Polenta
- 200 gram parmesanost, friskrevet
- Olivenolie til børstning
- 3 blommetomater, flået, frøet og skåret i tern
- 1 fed hvidløg, pillet og finthakket
- 6 Friske basilikumblade, groft revet
- 4 spsk ekstra jomfru olivenolie
- Havsalt i flager og friskkværnet sort peber
- 350 gram Blandede grøntsager, såsom courgetter og aubergine, trimmet og skåret i skiver
- 1 tsk Friske timianblade
- 1 spsk balsamicoeddike
- 75 gram Dolcelatte ost, skåret i skiver
- 6 tynde skiver parmaskinke, hver halveret

INSTRUKTIONER:
TIL POLENTA:
a) Tilbered først polentaen efter instruktionerne på pakken.
b) Pisk parmesanosten i polentaen.
c) Fordel polentaen i en stor bageplade for at lave et lag ca. 2,5 cm tykt.
d) Lad afkøle.

TIL TOMATER AL CRUDO:
e) Kom tomaterne i en skål og rør hvidløg, basilikum og 2 spsk olie i.
f) Smag godt til med salt og friskkværnet sort peber.

TIL DE MARINEREDE GRILLTE GRØNTSAGER:
g) Varm en bageplade op, indtil den ryger, tilsæt derefter den resterende olie, og læg grøntsagerne på stegepladen.
h) Steg i 3-4 minutter på hver side, indtil de er gyldenbrune.
i) Kom over i en skål og smag til med salt friskkværnet sort peber og timianblade.
j) Tilsæt balsamicoeddike.

AT SAMLE:
k) Når polentaen er kølig og fast, skæres den i tykke, lange fingre.
l) Forvarm grillen til varm. Pensl polenta-fingrene med olivenolie og læg dem på en foliebeklædt grillpande.
m) Rist polentaen under grillen i 2 minutter på hver side, indtil den er gyldenbrun og sprød.
n) Top en tredjedel af polenta-fingrene med dolcelatteost og opflæstet parmaskinke.
o) Grill i yderligere 2 minutter, indtil osten er smeltet og bobler.
p) Top en anden tredjedel af polenta-fingrene med tomater al crudo og resten med de blandede grillede grøntsager.
q) Anret polenta crostinien på et stort fad.

59. Pære-, endive- og brøndkarsecrostini

INGREDIENSER:
- 4 skiver baguette, ½ tomme tykke
- 2 ounce tørrede kirsebær
- 2 modne pærer
- 2 belgiske endivier, trimmet
- 1 lille bundt brøndkarse, vasket, centrifugeret tør
- 4 ounce Gorgonzola dolce, stuetemperatur
- 6 spiseskefulde ekstra jomfru olivenolie
- Salt efter smag
- Friskkværnet sort peber efter smag
- 2 spsk rødvinseddike
- 1 spsk hakkede valnødder

INSTRUKTIONER:
a) Læg tørrede kirsebær i en lille gryde med 2 dl vand til dækning og bring det i kog.
b) Lad det simre i 10 minutter, afdryp og stil til side.
c) Del pærerne i kvarte og skær dem i tynde skiver i en stor røreskål.
d) Tilsæt endivien.
e) Tilsæt brøndkarse og stil til side.
f) Rist baguetteskiver på begge sider og smør hver med 1 ounce af gorgonzolaen. Sæt til side.
g) I en blender, læg gennemblødte kirsebær, eddike, salt og peber og olie og blend indtil glat.
h) Hæld i en lille skål og stil til side.
i) Kom halvdelen af den tørrede kirsebærdressing i en røreskål med pærer, brøndkarse og endivie og vend.
j) Fordel mellem 4 plader, og læg en crostini ovenpå hver.
k) Drys valnødder over ost og dryp ½ spsk vinaigrette rundt om bunden af hver tallerken og server.

60.Bruschetta fra en oliven

INGREDIENSER:
- 4 skiver pain au levain, skåret i 4 til 6 stykker pr. skive
- 2 fed hvidløg
- Cirka 1 spiseskefuld ekstra jomfru olivenolie
- 4 ounces fetaost, skåret i skiver
- Revet skal af 1 citron
- 4 ounce Jack, fontina eller mild Asiago, skåret i tynde skiver
- Omkring 3 ounces ung rucola

INSTRUKTIONER:
a) Forvarm slagtekyllingen.
b) Rist brødet let under slagtekyllingen. Fjern fra varmen og gnid begge sider med hvidløg.
c) Læg den hvidløgsristede toast på en bageplade og dryp meget let med lidt olivenolie, læg derefter fetaosten på, drys med citronskal, top med Jack-osten, og giv et sidste dryp olivenolie.
d) Steg indtil osten smelter og bobler let.
e) Server med det samme, hver lille, åben grillet ostesandwich toppet med en lille håndfuld rucolablade.

61.Kiwi, jordbær og blå ost Bruschetta

INGREDIENSER:
- 12 kiwi skiver
- 12 mellemstore jordbær, afskallede og skåret i skiver
- 1 tsk sukker
- ¼ kop fedtfattig flødeost
- ¼ kop smuldret blåskimmelost
- 2 tsk vand, evt
- 1 spsk frisk purløg, finthakket, plus mere til pynt
- ¼ tsk friskkværnet peber
- 12 skiver fuldkornsbaguette, varmet eller ristet

INSTRUKTIONER

a) Kombiner kiwi, jordbær og sukker i en mellemstor skål og lad stå.

b) Kombiner flødeost og blå ost i en lille skål med en gaffel. Tilsæt vand, hvis det er nødvendigt, for en tyk, men smørbar konsistens. Rør 1 tsk purløg og peber i.

c) Fordel cirka 1 tsk osteblanding på hvert stykke baguette. Top med kiwi-jordbærblandingen. Pynt med et drys purløg.

62. Grillet ost bruschetta

INGREDIENSER:
- 8 tykke stykker brød
- ¼ kop olivenolie
- 5 fed knust hvidløg
- 1 kop Monterey Jack ost
- 8 ounces blød gedeost
- 2 spsk sort peber
- 2 spsk oregano

INSTRUKTIONER:
a) Pensl hvidløgsolien på hver del af brødet.
b) Grill indtil blød gyldenbrun, oliesiden nedad.
c) Top hver sektion med 2 spiseskefulde Monterey Jack, 1-ounce gedeost, sort peber og oregano før servering.
d) Grill indtil osten begynder at smelte.

63.Bruschetta med mascarpone og hindbær

INGREDIENSER:
- 1 skive landbrød, cirka ½ tomme tykt
- Mascarpone
- Håndfuld modne hindbær
- Urtebed eller Duftende honning

INSTRUKTIONER:
a) Grill eller rist brødet let. Smør med mascarpone.
b) Top med hindbær og dryp lidt honning over toppen.

64. Grillet fiskesalat på bruschetta

INGREDIENSER:
- Olivenolie, til grillning
- 1½ pund fiskefilet
- 1 stor rød peberfrugt, frøet og skåret i pærer
- 1 Zucchini
- 1 Crookneck squash
- 1 lille aubergine, skåret i tændstik
- 1 bundt friske basilikumblade groft hakket
- Hakket persille
- 2 fed hvidløg, hakket
- 1 fed hvidløg, hele
- 1 citron, juice
- Salt og peber
- 3 store tomater, skåret i halve
- 6 skiver italiensk brød, ½ tomme tykke
- Hakket persille, en håndfuld

INSTRUKTIONER:

a) Opvarm en kul- eller gasgrill eller kogeplader med riller, indtil den er meget varm. Brug et håndklæde dyppet i olie til at gnide på gitrene.

b) Pensl let fiskefileten og alle snittede grøntsager med olie. Begynd med at grille fiskefilet, indtil det er gennemstegt.

c) Fjern fisken fra grillen med en spatel og stil den til afkøling. Grill derefter grøntsagerne, indtil grillmærkerne er synlige, og grøntsagerne er bløde. Fjern grøntsagerne fra grillen med en spatel eller en tang, og stil dem til afkøling.

d) Når fisken er kølig nok til at håndtere, trækker du den fra hinanden i små stykker og fjerner eventuelle ben. Skær peberfrugten i tynde strimler. I en mellemstor skål kombineres fisk, peberstrimler, basilikum, persille, hakket hvidløg, ekstra jomfru olivenolie, citronsaft og salt og peber efter smag. Dæk skålen med et køkkenrulle og stil den til side til marinering ved stuetemperatur. Skær zucchini og aubergine i tynde tværgående strimler. Smid dem sammen i en lille skål og stil til side.

e) Lige før du er klar til servering, grill tomaterne. Når den er blød, overføres den med en spatel til en tallerken.

f) Grill brødskiverne på begge sider. Når du fjerner brødet fra grillen, gnid den ene side af hver skive med hele fed hvidløg og dryp med en smule olie. Flad en halv tomat ud på hver skive brød, og gnid den ind i brødet.

g) Læg bruschettaen på et stort fad. Top hvert stykke med nogle courgetter og aubergine strimler og ske på fiskesalaten. Pynt med hakket persille.

65. Brændt tomat Crostini

INGREDIENSER:
- ¼ kop hakket frisk basilikum
- 2 fed hvidløg, hakket
- 1 kop balsamicoeddike
- ½ tsk friskkværnet sort peber
- 1 kop cherrytomater, halveret
- 3 tsk olivenolie, delt
- 1 lille brødbaguette, skåret ½ tomme tykke
- ½ tsk salt
- 1 kop vindruetomater, halveret

INSTRUKTIONER:
a) Sæt ovnen på 425 grader.
b) Rist brødet på en bageplade, til det er sprødt og let brunt i et par minutter.
c) Anret tomaterne på en bageplade med bagepapir eller folie.
d) Drys med salt, peber og hakket hvidløg efter dryp med olivenolie.
e) Coat ved at kaste.
f) Inden du sætter pladen i ovnen, skal du flytte tomaterne, så de er skåret opad.
g) Steg i 30 minutter.
h) Kom balsamicoeddiken i en lille gryde ved middelhøj varme, mens tomaterne steger.
i) Bring det i kog, og skru derefter ned for varmen og lad væsken simre, indtil den tykner.
j) Tilsæt ristede tomater og frisk basilikum til at riste rundstykker som pynt.
k) Tilsæt den resterende olivenolie, den pande-gemte tomatsaft og balsamico-reduktionen.
l) Server med det samme.

66.Robiola bruschetta med hvid trøffelolie

INGREDIENSER:
- 1 franskbrød skåret i skiver på diagonalen
- Hvidløgsfed
- ¼ kop olivenolie
- ½ kop Robiola ost
- Hvid trøffelolie

INSTRUKTIONER:
a) Forvarm slagtekyllinger.
b) Grill brød på en varm grillpande i 1 til 2 minutter på hver side.
c) Fjern fra varmen, gnid med hvidløgsfed på den ene side, og pensl let med olivenolie.
d) Læg toasts på en foliebeklædt pladeform.
e) Top med Robiola-osten og læg den under en forvarmet slagtekylling, indtil den lige er smeltet og boblende.
f) Tag ud af ovnen, dryp med trøffelolie og server med det samme.

67.Squash og portobello bruschetta

INGREDIENSER:
- 1¾ pund Butternut Squash eller Orange-Flesh Squash
- ¾ pund Portobello-svampe, tørret af, stilke fjernet
- 3 fed hvidløg
- Salt og friskkværnet peber efter smag
- 1 spsk hakket frisk oregano
- 1 spsk hakket frisk rosmarin
- 2 spsk balsamicoeddike
- ¼ kop lav-natrium kyllingefond, skummet af fedt
- ¼ kop blød gedeost
- 6 skiver fuldkorns landbrød
- Olivenolie spray

INSTRUKTIONER:

a) Forvarm ovnen til 425 grader med en rist i midten. Spray en bradepande med madlavningsspray. Skær squashen i halve på langs. Fjern frø og fibre, og skræl dem. Skær squashen i ½-tommers stykker.

b) Skær portobelloerne i ½-tommers stykker. Overfør squash og svampe til gryden, hold hver adskilt.

c) Tilsæt hvidløg. Spray det hele med madlavningsspray. Drys med salt og peber og halvdelen af oregano og rosmarin.

d) Kog til portobelloerne er møre, 15 - 20 minutter, og fjern portobelloerne. Fordel squashen i gryden, vend med en spatel. Øg varmen til 450 grader.

e) Kog indtil squashen lige er møre og hvidløget blødt, cirka 15 minutter mere. Fjern fra ovnen. Fjern hvidløgsfeddene, og gem dem.

f) Kom portobelloerne tilbage i gryden, og sæt dem over medium-høj varme på komfuret.

g) Tilsæt eddike, hønsefond og den resterende halvdel af oregano og rosmarin, og skrab langs bunden af gryden for at fjerne eventuelle tilberedte stykker.

h) Kog, omrør ofte, indtil væsken er reduceret til en glasur, 2 - 3 minutter. Overfør blandingen til en stor skål. Lad afkøle lidt.

i) Fjern omkring ⅓ af squashterningerne fra blandingen, og overfør til en mellemstor skål. Brug bagsiden af en kniv til at skrabe det blødgjorte hvidløgskød ud fra hvert fed. Tilføj til skål. Tilsæt gedeosten.

j) Brug en gaffel til at smadre ingredienser til en pasta. Sæt til side. Rist brødskiverne let i en grillpande eller under grillen. Smør hver med squashpasta.

k) Top hver med en squash-og-portobello blanding.

l) Pynt med oregano og rosmarin.

68. Skaløtteløg bruschetta

INGREDIENSER:
- 3 spsk olivenolie
- 5 store skalotteløg eller grønne løg, skåret i tynde skiver
- 4 skiver franskbrød
- Peber
- Friskrevet Romano ost

INSTRUKTIONER:
a) Forvarm slagtekyllinger. Opvarm olie i en tung lille stegepande over medium varme.
b) Tilsæt skalotteløg og sauter indtil de er møre, under jævnlig omrøring, ca. 5 minutter.
c) Steg 1 side af brødet, indtil det er ristet. Fordel skalotteløgsblandingen på den anden side af brødet.
d) Drys rigeligt med peber og ost.
e) Steg indtil de begynder at blive brune. Server straks.

69.Chard bruschetta

INGREDIENSER:
- ½ pund rød chard
- 4 fed hvidløg, hakket
- Nonstick olivenolie madlavningsspray
- 2 spsk vand
- 1 spsk hakket dild
- Salt og peber
- ½ kop Fedtfri hytteost
- 24 skiver franskbrød, ristet
- 2 tsk Smør
- ½ kop frisk brødkrummer

INSTRUKTIONER:
a) Fjern stilkene fra chard og skær i ½-tommers stykker. Skær blade i 2-tommer stykker.
b) Svits hakkede mangoldstilke og 2 fed hvidløg i en stegepande sprøjtet med nonstick-spray ved middel varme i 1 minut.
c) Tilsæt vand, reducer varmen og lad det simre under låg, indtil det er mørt, cirka 10 minutter.
d) Rør hakkede chard-blade i og kog over høj varme, indtil de er visne, 1 til 2 minutter.
e) Reducer varmen, læg låg på og lad det simre i 10 minutter mere.
f) Fjern fra varmen og rør dild i. Smag til med salt og peber. Sæt til side.
g) Purér hytteost i en blender eller foodprocessor, indtil det er glat.
h) Rør salt i efter smag. Smelt smør i en lille stegepande ved middel-lav varme.
i) Tilsæt de resterende 2 fed hvidløg og sauter under omrøring, indtil de er møre, men ikke brune, cirka 1 minut.
j) Rør brødkrummer i, så de er dækket med hvidløg og smør, og kog under omrøring, indtil de er brune, 1 til 2 minutter.
k) Fordel cirka 1 tsk pureret hytteost på hver skive ristet brød.
l) Top med cirka 1 spsk chard, og drys derefter med ristet brødkrummer.

70.Tun Bruschetta

INGREDIENSER:
- 4 fed hvidløg
- ¼ kop ekstra jomfru olivenolie
- 8 skiver ristet franskbrød
- 2 kopper hakkede blommetomater
- 1 kop revet mozzarellaost, drænet
- 6-ounce dåse hvid tun, drænet og flaget
- 2 spsk hakket frisk persille
- ½ tsk salt
- Groftkværnet sort peber
- Bibb salat

INSTRUKTIONER:
a) Blend hvidløg og olie i en blender eller foodprocessorskål med et metalblad.
b) Børst olieblandingen på den ene side af hvert stykke toast, og reserver den resterende olieblanding.
c) I en mellemstor skål kombineres let tomater, ost, tun, persille og reserveret olie. Tilsæt salt, hvis det ønskes, og peber.
d) Hæld omkring ½ kop tunblanding over hvert stykke toast.
e) Læg 2 stykker toast på hver salatbeklædt salatplade.

71.Roer og Rucola Crostini

INGREDIENSER:
- 1 baguette eller brød, skåret i tynde skiver
- 2 spsk olivenolie
- 4 ounce gedeost
- 3 spsk fløde
- 4 mellemstore rødbeder, skrællet og skåret i tern
- 2 kopper baby rucola
- honning, til støvregn

INSTRUKTIONER:
a) Indstil ovnen til 425°F.
b) Brug aluminiumsfolie til at dække en bageplade.
c) Kombiner 1 spiseskefuld olivenolie med hver farve af rødbeder i tern i separate røreskåle.
d) På den ene halvdel af bagepladen arrangeres hver farve af rødbeder i et jævnt lag.
e) Steg i ovnen i 25 til 30 minutter, eller indtil gaffelhullet er mørt.
f) Tag ud og læg til side.
g) Reducer ovntemperaturen til 350 grader.
h) Derefter arrangeres brødskiverne i et enkelt lag på en bageplade og ristes i 10 til 15 minutter.
i) Fjern og lad afkøle.
j) Blend imens gedeosten og mælken i en lille skål med et piskeris.
k) Hvis du foretrækker en tyndere smørbar konsistens, tilsæt mere mælk.
l) Fordel en klat af gedeostblandingen på et stykke ristet brød og top med rucola og ristede rødbeder i tern for at samle crostinien.
m) Tilsæt honning og server derefter.

72. Vilde svampe bruschetta

INGREDIENSER:
- 2 spsk olivenolie
- 2 fed hvidløg, hakket
- 3 spsk Løg, hakket
- 2 kopper blandede champignon, hakkede
- 1 tsk tørret timian
- 1 tsk tørret basilikum
- Salt
- Peber
- Balsamico eller rødvinseddike
- 1 baguette

INSTRUKTIONER:
a) Varm olivenolie op i en gryde. Kog hvidløg og løg til de er gyldne.
b) Tilsæt svampe, timian, basilikum, salt og peber. Tilsæt et skvæt eddike.
c) Kog indtil svampe begynder at visne. Skær baguetten i ½" skiver og rist.
d) Top baguette med svampe og server.

73.Kyllingelever , salvie og stegt løgbruschetta

INGREDIENSER:
- 2 spsk vegetabilsk olie
- 1 lille løg, halveret på langs og skåret i tynde skiver
- ½ pund kyllingelever, trimmet og halveret
- 2 store fed hvidløg, skåret i skiver
- 2 store friske salvieblade, hakket
- 1 tsk Friskkværnet sort peber, eller efter smag
- 1 tsk groft salt
- En knivspids malet allehånde, eller efter smag
- 24-tommer-langt brød af sprød italiensk skåret på kryds og tværs i ½-tommers skiver
- 1 fed hvidløg
- ¼ kop ekstra jomfru olivenolie

INSTRUKTIONER:
a) Grill brødskiverne på en rist på ca. 4 tommer over glødende kul i 1 til 1 ½ minut på hver side, eller indtil de er gyldenbrune og sprøde udenpå, men stadig bløde indeni.
b) Gnid toast med hvidløg på den ene side og pensl den samme side let med olie.
c) I en stor stegepande opvarmes olien over moderat høj varme, indtil den er varm, men ikke rygende, og sauter løg heri, under omrøring, indtil de er gyldne. Overfør løg med en hulske til køkkenrulle for at dryppe af.
d) Dup kyllingelever tørre. Tilsæt hvidløg til stegepanden og steg ved moderat varme under omrøring, indtil de er lysegyldne.
e) Tilsæt kyllingelever og sauter ved moderat høj varme, indtil de er gyldne og lige spændstige, cirka 2 minutter på hver side.
f) Rør hakket eller smuldret salvie, peber, salt og allehånde, og i en foodprocessor groft puré.
g) Læg omkring 2 tsk kyllingeleverblanding på den olierede side af hver toast og pynt med løg og salvieblade.

74. Svinemørbrad Crostini med æble og kål

INGREDIENSER:
- 2 spsk olivenolie
- 2 fed hvidløg, hakket
- ½ tsk salt
- ¼ tsk sort peber
- 1 svinemørbrad, afpudset
- 1 fransk baguette, skåret i ½-tommers skiver
- 3 spsk smør, smeltet
- 2 ounce flødeost, blødgjort
- 2 spsk mayonnaise
- 2 tsk hakket frisk timian, plus mere til pynt

ÆBLE- OG KÅLSALAT
- 3 spsk olivenolie
- ½ lille Granny Smith æble, skåret i tynde skiver
- 2 ½ dl fintrevet rødkål
- 2 spsk balsamicoeddike
- ¼ tsk salt
- ¼ tsk sort peber

INSTRUKTIONER:
a) Kombiner 2 spsk olivenolie, hvidløg, salt og peber i en mellemstor skål.
b) Tilsæt svinekød og vend til pels.
c) Dæk med plastfolie og lad marinere i 20 minutter ved stuetemperatur.
d) Forvarm ovnen til 350 grader.
e) Opvarm en stor ovnsikker stegepande over medium-høj varme. Tilsæt svinekød og svits på alle sider.
f) Overfør stegepanden til ovnen og steg svinekød i 15-20 minutter.
g) Afkøl svinekødet helt og skær det i ¼-tommers skiver.
h) Kombiner flødeost, mayo og timian i en lille skål og rør, indtil det er glat. Sæt til side.

ÆBLE- OG KÅLSALAT
i) Varm 3 spsk olivenolie i en gryde.
j) Tilsæt æbler og kog i 1 minut under jævnlig omrøring.
k) Tilsæt kål og kog i 5 minutter.
l) Tilsæt eddike, salt og peber og kog i 4 til 5 minutter under jævnlig omrøring, indtil væsken fordamper.

AT SAMLE:
m) Pensl begge sider af baguetteskiverne med smeltet smør.
n) Bages ved 350 grader i 10 til 12 minutter, indtil de er let brunede rundt om kanterne.
o) Fordel flødeostblandingen på den ene side af hver brødskive.
p) Top med 1 til 2 skiver svinekød.
q) Læg rødkål ovenpå.

75. Peber bruschetta

INGREDIENSER:
- 1 stor rød peber
- 2 spsk olivenolie
- 1 spsk citronsaft
- 3 spsk kapers
- 2 fed hvidløg, pillede, skåret i skiver
- 2 basilikumblade, skåret i tynde skiver

INSTRUKTIONER:
a) Forvarm ovnen til 400F. Vask peberfrugt og afdryp godt. Fordel alufolie over bunden af en bradepande. Læg peberfrugt på folien og steg, indtil skindet bliver blæret og forkullet. Vend peberfrugt og gør det samme på alle sider. Fjern fra ovnen.
b) Løft hjørnerne af folien og fold dem sammen for at forsegle peberfrugterne.
c) Lad stå i 30 minutter, dækket med et viskestykke. Pak folien ud og fjern stilke, frø og forkullet skind fra peberfrugterne. Gem eventuelt væske i en røreskål, da smagen fra væsken gør retten.
d) Skær peberfrugt i ½ tomme strimler.
e) Placer i en røreskål med den reserverede væske. Tilsæt olivenolie, citronsaft, kapers, hvidløg og basilikum.
f) Stil på køl i flere timer eller natten over. Fantastisk til frisk, italiensk brød, i sandwich eller som tilbehør.

76.Gratineret aubergine bruschetta

INGREDIENSER:
- 1 Aubergine med skræl
- 1 kop tomatsauce
- 1 kop revet mozzarellaost
- 1 spsk merian
- 4 skiver fuldkornsbrød

INSTRUKTIONER:

a) Skær auberginen i runde skiver. Steg skiverne på en pande med lidt olie.

b) Rist brødet. Fordel tomatsaucen over ristet brød.

c) Læg aubergineskiverne ovenpå. Drys revet mozzarellaost.

d) Drys lidt merian.

e) Sæt den i ovnen under grillen i 2-3 minutter, eller indtil osten er brun.

77.Grillet radicchio salat med hvide bønne bruschetta

INGREDIENSER:
- 1 kop kogte cannellini bønner
- 6 spiseskefulde ekstra jomfru olivenolie
- 6 spsk balsamicoeddike
- ½ tsk knuste røde peberflager
- 2 spsk basilikumblade, skåret chiffonade
- 1 fed hvidløg, skåret i tynde skiver
- Salt, efter smag
- Friskkværnet sort peber efter smag
- 4 skiver italiensk brød, 1\" tykke, grillet
- 2 store Radicchio hoveder

INSTRUKTIONER:
a) Forvarm grillen eller slagtekyllingen. I en røreskål røres bønner forsigtigt sammen med 2 spsk olivenolie og 2 spsk eddike, basilikum og hvidløg, pas på ikke at knække dem. Smag til med salt og peber. Skær radicchioen i halve fra top til bund og læg den tør på grill eller slagtekylling og kog indtil den er visnet, cirka 3 minutter på hver side.

b) Fjern fra grillen og skær hver halvdel i halve igen for at danne kiler. Klip kernestykket ud og løsn hvert blad fra hovedet. Smør de fjernede blade i en røreskål med den resterende olie og eddike og smag til med salt og peber. Arranger radicchio på fire tallerkener som fingre for at danne en hånd.

c) Fordel bønneblandingen over fire friskgrillede brødskiver, og læg dem i midten af hver salatblanding.

VEGETARISK PINTXOS

78. Gazpacho skud

INGREDIENSER:
- 3 store tomater i tern
- 1 agurk, skrællet og skåret i tern
- 1 rød peberfrugt i tern
- 1 lille rødløg i tern
- 2 fed hvidløg, hakket
- 3 kopper tomatjuice
- 1/4 kop rødvinseddike
- 1/4 kop olivenolie
- Salt og peber efter smag
- Frisk basilikum eller koriander til pynt (valgfrit)

INSTRUKTIONER:

a) Kombiner tomater, agurk, rød peberfrugt, rødløg og hvidløg i en blender. Blend indtil glat.
b) Tilsæt tomatjuice, rødvinseddike og olivenolie. Blend igen.
c) Smag til med salt og peber efter smag.
d) Hæld gazpachoen i shotglas.
e) Pynt med friske krydderurter, hvis det ønskes.
f) Afkøl før servering.

79. Svampe og Manchego Pintxos

INGREDIENSER:
- Baguette skiver
- Olivenolie
- 1 pund svampe, skåret i skiver
- 2 fed hvidløg, hakket
- Salt og peber efter smag
- Manchego ost, i tynde skiver
- Frisk persille, hakket til pynt

INSTRUKTIONER:
a) Pensl baguetteskiver med olivenolie og rist dem.
b) Svits svampe og hvidløg på en pande i olivenolie, indtil de er møre. Smag til med salt og peber.
c) Top hver baguetteskive med en skefuld af svampeblandingen.
d) Læg en skive Manchego ost ovenpå.
e) Pynt med frisk persille.

80. Fyldte svampe

INGREDIENSER:
- 8 store cremini eller hvid svampe ms
- ½ kop majsmel
- 1 kop kokosmælk
- 1 kop revet rødbeder
- ½ kop revne gulerødder

INSTRUKTIONER:
a) Fjern stilkene fra svampene, børst dem af, vask dem og læg dem med den runde side opad på en bageplade for at stege i 5 minutter ved 475 grader F.
b) Kombiner svampestilke, majsmel, rødbeder, gulerødder og kokosmælk i en foodprocessor.
c) Kog fyldet i 5 minutter i en lille stegepande . Mos til en pasta .
d) Fjern hætterne fra ovnen og hæld en ske på størrelse med en golfbold af fyldet i hver svampehætte.
e) Forvarm ovnen til 400°F og bag de fyldte svampehætter i 15 minutter.
f) Tag ud af ovnen , pynt med basilikum og server med det samme.
a)

81.Fyldte kirsebærpeber

INGREDIENSER:

- Kirsebærpeber (mild eller varm)
- Flødeost
- Purløg, finthakket
- Valnødder, hakket

INSTRUKTIONER:

a) Skær toppen af kirsebærpeberne og fjern kernerne.
b) I en skål blandes flødeost og purløg.
c) Fyld hver kirsebærpeber med flødeostblandingen.
d) Drys hakkede valnødder på toppen.
e) Anret på et serveringsfad og server afkølet.

82.Urtespyd med oliven og artiskok

INGREDIENSER:
- Grønne oliven
- Sorte oliven
- Marinerede artiskokhjerter
- cherrytomater
- Frisk persille, hakket

INSTRUKTIONER:

f) Træk grønne oliven, sorte oliven, marinerede artiskokhjerter og cherrytomater på spyd.
g) Drys hakket frisk persille over spyddene.
h) Dryp med lidt af artiskokmarinade.
i) Server ved stuetemperatur.

83.Spinat og feta fyldte svampe

INGREDIENSER:
- Store svampe, renset og stilke fjernet
- Spinat, hakket
- Fetaost, smuldret
- Hvidløg, hakket
- Olivenolie
- Brødkrummer

INSTRUKTIONER:
a) Forvarm ovnen til 375°F (190°C).
b) Svits hakket spinat og hakket hvidløg på en pande i olivenolie, indtil det er visnet.
c) Bland den sauterede spinat med fetaost og brødkrummer.
d) Fyld hver svamp med spinat- og fetablandingen.
e) Bages i ovnen i cirka 15-20 minutter eller indtil svampene er møre.
f) Pynt med et drys frisk persille.

84. Caprese spyd

INGREDIENSER:

- 1 pint cherrytomater
- 8 oz friske mozzarellakugler
- 1 bundt friske basilikumblade
- Balsamico glasur
- 2 spsk olivenolie
- Salt og peber efter smag

INSTRUKTIONER:

a) Tråd en cherrytomat, en mozzarellakugle og et basilikumblad på små spyd eller tandstikker.
b) Anret spyddene på et serveringsfad.
c) Dryp balsamicoglasur og olivenolie over spyddene.
d) Drys med salt og peber efter smag.
e) Server og nyd!

85. Ristet rød peber og gedeostbid

INGREDIENSER:
- 1 pakke mini filo kopper
- 1 kop ristede røde peberfrugter, hakket
- 4 oz gedeost
- 1/4 kop frisk persille, hakket
- Balsamico reduktion

INSTRUKTIONER:

a) Forvarm ovnen i henhold til phyllo kop-pakkens anvisninger.

b) Fyld hver mini phyllo kop med 1 spiseskefuld hakket ristet rød peberfrugt.

c) Tilsæt 1 tsk gedeost oven på peberfrugterne.

d) Bages i ovnen, indtil filokopperne er gyldenbrune og osten er let smeltet.

e) Tag ud af ovnen, drys med frisk persille, og dryp med balsamico-reduktion.

f) Server og nyd!

86.Fyldte kirsebærpeber

INGREDIENSER:

- 12-15 kirsebærpeber
- 8 oz flødeost, blødgjort
- 1/4 kop hakkede grønne løg
- 1/4 kop hakkede sorte oliven
- 1/4 tsk hvidløgspulver
- Salt og peber efter smag

INSTRUKTIONER:

a) Skær en slids langs den ene side af hver kirsebærpeber og fjern kernerne.

b) I en skål blandes den blødgjorte flødeost, grønne løg, sorte oliven, hvidløgspulver, salt og peber sammen.

c) Fyld hver kirsebærpeber med flødeostblandingen.

d) Anret på et serveringsfad og stil på køl indtil servering.

87. Agurk- og Hummusbid

INGREDIENSER:
- Engelske agurker, skåret i skiver
- Hummus
- Cherrytomater, halveret
- Kalamata oliven, skåret i skiver
- Smuldret fetaost
- Frisk dild, hakket

INSTRUKTIONER:
a) Læg agurkeskiver på et serveringsfad.
b) Hæld en lille mængde hummus på hver agurkeskive.
c) Top med en halveret cherrytomat, skivede Kalamata-oliven, smuldret fetaost og et drys frisk dild.
d) Serveres afkølet.

88.Avocado og Mango Salsa Tostadas

INGREDIENSER:
- Små majs tostadas
- 2 modne avocadoer, mosede
- 1 mango i tern
- 1/2 rødløg, finthakket
- 1 jalapeño, frøet og finthakket
- Frisk koriander, hakket
- Limesaft
- Salt og peber efter smag

INSTRUKTIONER:
a) Læg en skefuld moset avocado på hver tostada.
b) Kombiner mango i tern, rødløg, jalapeño og koriander i en skål.
c) Top hver tostada med mangosalsaen.
d) Pres limesaft over toppen og smag til med salt og peber.
e) Server straks.

89.Fyldte svampe med pesto og pinjekerner

INGREDIENSER:
- Knapsvampe, stilke fjernet
- Pesto sauce
- Pinjekerner, ristede
- Friske basilikumblade til pynt

INSTRUKTIONER:
a) Forvarm ovnen til 375°F (190°C).
b) Fyld hver svampehætte med en lille skefuld pestosauce.
c) Læg de fyldte svampe på en bageplade.
d) Bages i 15-20 minutter eller indtil svampene er kogte.
e) Drys ristede pinjekerner over toppen og pynt med friske basilikumblade.
f) Serveres varm.

SØDE PINTXOS

90.Kirsebær- og gedeost Pintxos

INGREDIENSER:
- 12 skiver baguette
- 1 kop friske kirsebær, udstenede og halveret
- 4 oz gedeost
- Honning til støvregn
- Friske mynteblade til pynt

INSTRUKTIONER:
a) Rist baguetteskiverne til de er let brunede.
b) Fordel et lag gedeost på hver skive.
c) Top med halverede kirsebær.
d) Dryp honning over toppen.
e) Pynt med friske mynteblade.

91. Chokolade og Banan Pintxos

INGREDIENSER:
- 12 tern pund kage
- 1 banan, skåret i skiver
- 4 oz mørk chokolade, smeltet
- Hakkede nødder (mandler, hasselnødder eller pistacienødder) til pynt

INSTRUKTIONER:
a) Stik en skive banan ud på hver terning af pundkage.
b) Dyp hvert spyd i den smeltede mørke chokolade, overtræk bananen og kagen.
c) Læg på en bakke beklædt med bagepapir.
d) Drys hakkede nødder over chokoladen.
e) Lad chokoladen stivne inden servering.

92.Karameliseret æble og Brie Pintxos

INGREDIENSER:
- 12 skiver franskbrød
- 1 stort æble, skåret i tynde skiver
- 8 oz Brie ost, skåret i skiver
- 2 spsk brun farin
- 2 spsk smør

INSTRUKTIONER:
a) I en gryde smeltes smør ved middel varme.
b) Tilsæt æbleskiver og farin. Kog indtil æblerne er karamelliserede.
c) Rist franskbrødsskiverne.
d) Læg en skive Brie på hver ristet brødskive.
e) Top med karamelliserede æbleskiver.
f) Valgfrit: Dryp med ekstra karamelsauce.

93. Hindbær dessert bruschetta

INGREDIENSER:
- ½ kop flødeost
- 2 spiseskefulde Halv-og-halv
- ¼ kop sukker
- 1 appelsin, skal af
- 2 spsk Appelsinlikør
- 2 spsk mandelmasse
- 1 Knip stødt muskatnød
- 1 skvæt vaniljeekstrakt
- 6 skiver Bistro Challah
- 2 spsk usaltet smør
- 3 kopper friske hindbær
- ½ kop ristede mandler

INSTRUKTIONER:

a) I en foodprocessor eller mixer, læg flødeost, halv-og-halvt og sukker, og forarbejd for at blødgøre flødeosten. Stop maskinen og skrab siderne ned.

b) Kør maskinen et par sekunder mere, stop derefter og tilsæt skal, likør, mandelmasse, muskatnød og vanilje.

c) Behandl lige indtil blandingen er grundigt blandet. Fjern fra processoren og sæt til side.

d) Smør den ene side af challahskiverne og rist begge sider på en grill eller under slagtekyllingen. Lad ristet brød køle af i et minut, og skær det derefter i halve på diagonalen.

e) Smør hver toast med en generøs mængde flødeostblanding. Top hver af toastene med omkring ¼ kop bær. Drys med ristede mandler og server.

94.Jordbær og Nutella Pintxos

INGREDIENSER:
- 12 tern englemad kage
- 1 kop friske jordbær, afskallet og halveret
- Nutella til spredning
- Pulversukker til aftørring

INSTRUKTIONER:
a) Fordel Nutella på hver terning af englemadskage.
b) Stik en halv jordbær på spyd på hver terning.
c) Anret på et serveringsfad og drys med flormelis inden servering.

95.Mandel- og honningyoghurt Pintxos

INGREDIENSER:
- 1 kop græsk yoghurt
- 12 mandelklaser (mandler belagt med honning)
- 12 små firkanter af honeycomb
- Friske mynteblade til pynt

INSTRUKTIONER:
a) Hæld en klat græsk yoghurt på hver serveringsplade.
b) Læg en mandelklase oven på yoghurten.
c) Pynt med en lille firkant honningkage på hver pintxo.
d) Tilføj et frisk mynteblad for at få et udbrud af farve.

96. Kanel æble og flødeost Pintxos

INGREDIENSER:
- 12 mini kanelsnurrer (købt eller hjemmelavet)
- 1 stort æble i tern
- 4 oz flødeost, blødgjort
- Kanelsukker til drys

INSTRUKTIONER:
a) Skær hver mini kanelrulle i halve vandret.
b) Fordel et lag flødeost på snitsiden af hver rulle.
c) Top med skåret æbler.
d) Drys med kanelsukker.
e) Læg den anden halvdel af kanelrullen ovenpå for at skabe en sandwich.
f) Fastgør med en tandstik.

97. Ricotta og Figen Jam Pintxos

INGREDIENSER:
- 12 tynde baguetteskiver
- 1 kop ricotta ost
- 1/2 kop figenmarmelade
- Friske timianblade til pynt

INSTRUKTIONER:
a) Rist baguetteskiverne til de er sprøde.
b) Fordel et lag ricottaost på hver skive.
c) Kom en lille mængde figenmarmelade oven på ricottaen.
d) Pynt med friske timianblade.

98. Peach and Prosciutto Pintxos

INGREDIENSER:
- 12 skiver prosciutto
- 2 modne ferskner, skåret i skiver
- 1/4 kop balsamico glasur
- Friske basilikumblade til pynt

INSTRUKTIONER:
a) Pak hver ferskenskive ind med en skive prosciutto.
b) Spidd de indpakkede ferskner med tandstikker.
c) Anret på et serveringsfad.
d) Dryp med balsamicoglasur og pynt med friske basilikumblade.

99.Kokos og ananas Pintxos

INGREDIENSER:
- 12 tern englemad kage
- 1 kop frisk ananas, skåret i tern
- 1 kop sødet strimlet kokosnød, ristet
- Flødeskum til topping

INSTRUKTIONER:
a) Rist den revne kokosnød på en tør pande, indtil den er gyldenbrun.
b) Stik en terning englemadskage og et stykke ananas ud på tandstikker.
c) Rul hvert spyd i den ristede kokos.
d) Server med en klat flødeskum ved siden af.

100.Mango og Chili Lime Pintxos

INGREDIENSER:
- 2 modne mangoer i tern
- 1 tsk chilipulver
- Skal og saft af 1 lime
- Tajin krydderi til pynt

INSTRUKTIONER:
a) I en skål smid mangoterningerne med chilipulver, limeskal og limesaft.
b) Stik mangoterningerne ud på tandstikkere.
c) Drys med Tajin-krydderi inden servering.

KONKLUSION

Når vi afslutter vores udforskning af "DEN ULTIMATIVE BOG AF PINTSOS", håber vi, at du har nydt eventyret i hjertet af den baskiske tapeo-tradition. Disse 100 små bidder er ikke bare opskrifter; de er porte til et kulinarisk landskab, hvor tradition og innovation danser i harmoni.

Vi opfordrer dig til at bringe ånden fra baskiske pintxos ind i din hverdag og skabe øjeblikke af forbindelse og fest omkring dit eget bord. Del disse små bidder med venner og familie, og lad Baskerlandets smage blive en værdsat del af dit kulinariske repertoire.

Tak fordi du var med på denne smagfulde rejse. Må dit køkken fortsætte med at være et sted for udforskning, kreativitet og glæden, der kommer af at nyde de ultimative pintxos inspireret af den baskiske tapeo-tradition. ¡Buen provecho!

www.ingramcontent.com/pod-product-compliance
Lightning Source LLC
Chambersburg PA
CBHW071901110526
44591CB00011B/1502